博瑞森图书
BRACE

企业阅读 本土实践

管理 · 人文 · 生活

巴纳德
组织理论研读
重温《经理人员的职能》

郭威◎著

CHESTER
IRVING
BARNARD

天津出版传媒集团
天津人民出版社

图书在版编目（CIP）数据

巴纳德组织理论研读：重温《经理人员的职能》/
郭威著. --天津：天津人民出版社，2019.10
ISBN 978-7-201-15182-3

Ⅰ.①巴… Ⅱ.①郭… Ⅲ.①企业领导学-研究
Ⅳ.①F272.91

中国版本图书馆CIP数据核字（2019）第183361号

巴纳德组织理论研读：重温《经理人员的职能》
BANADE ZUZHILILUN YANDU CHONGWEN JINGLIRENYUAN DE ZHINENG
郭 威 著

出　　版　天津人民出版社
出 版 人　刘 庆
地　　址　天津市和平区西康路35号康岳大厦
邮政编码　300051
邮购电话　（022）23332469
网　　址　http://www.tjrmcbs.com
电子邮箱　reader@tjrmcbs.com

责任编辑　王昊静
策划编辑　李俊丽
装帧设计　久品轩

印　　刷　河北宝昌佳彩印刷有限公司
经　　销　新华书店
开　　本　710×1000毫米　1/16
印　　张　16.5
字　　数　213千字
版次印次　2019年10月第1版　2019年10月第1次印刷
定　　价　98.00元

导 读

巴纳德1938年出版的《经理人员的职能》，是现代组织理论经典名著之一。80多年之后，其理论的力量没有减少，那些独到深远的论述继续引导着我们探索后现代的世界。

巴纳德的理论有什么用吗？借用詹姆斯·马奇的话比较贴切，他说得痛快，“最好不要问我，我的想法有什么直接有用性，我不会回答这种问题。如果硬要问我的想法有什么用处的话，那最好去问那些审视我的想法的人，而不要问我这个产生想法的人。对我而言，学问有个特征比有没有用更重要，那就是美不美。我在乎的是，想法是否优雅迷人、是否让人眼前一亮——美丽事物的共通之处。……最后，你知道，我们不过是茫茫宇宙中的一粒微尘，立身扬名，不过是无知者的幻想。我们所有的希望都是微不足道的，除了对我们自己而言；某样东西之所以重要，是因为我们选择让它重要。我认为，对我们而言，重要的也许是，在我们短暂的一生中，在我们卑微的角色中，尽可能给生命添加更多的美而不是丑。”①

这本著作极富思想性，为组织下了一个至今令人无法超越的定义，有着超乎寻常的洞察力。也正是因为这些原因，本书的内容难以理解。想要理解巴纳德，需要全身心地去感知，需屏气凝神去体会，沉浸是适合的状态。写作本书，是希望重温经典，再现巴纳德思想的美好之处。

---

① 詹姆斯·马奇著，丁丹译，《马奇论管理》[M]，北京，东方出版社，2010。上面引用马奇的两段话，见该书第二篇文章《想法就是艺术品》。

通过解析他的语言，通过举例，通过真实案例，通过指明某些联系之处，通过一些似乎不必要的停留，通过偶尔略显啰唆的重复，以呈现他到底讲了什么，哪些是关键的地方，有何微妙的含义。

本书正文共计15章，所有内容都是先引用巴纳德《经理人员的职能》著作中的一段原文，然后紧接着做出我们的分析和解释，力求立体、精确、丰富、形象地表达出巴纳德的原意。在内容选择上做出了取舍，尽量聚焦于组织问题中相对重要的内容，研读其最难理解之处；在研读方式上，尽力贴合巴纳德那种浑然一体的感觉，用描述去刻画某种不易感知到的存在。哪里讲的多一些，哪里少一些，要不要分成几点，要不要一气呵成。所有这些选择，基于尊重原著，尊重原意，道法自然，自然而然好一些。

巴纳德的语言具有独特性，跨越时空，在本质和现象之间，时常闪现出射线般的洞察力。其理论思想的精髓如下：

巴纳德定义的组织，是一个由人的协作活动组成的系统，协作活动是基本单元。这不同于将组织视为人的集合体的定义。协作活动由个人提供，个人具有有限的选择能力，协作活动产生于这种有限的选择能力。本质意义上的组织是一个活动集合，现象形态的组织才是一个包含个人、财物和社会等资源因素的存在，巴纳德将之称为协作体系。组织是协作体系之内的一个看不见、可感知、动态变化的“场”。正式组织存在的三个充要条件是共同的目标、协作的意愿和信息的交流，其持续存在下去需要两个条件：效果和能率。决策在组织中是一个专业化过程，包含道德因素和随机应变因素。对组织整体的创造职能是领导活动的本质，这种创造需要协调组织中各种力量交互作用下的复杂的道德准则。

欢迎您进入巴纳德思想交流之旅，伴随着阅读巴纳德的著作《经理人员的职能》和论文集《组织与管理》会有更好的体验感。本书对

《经理人员的职能》研读，选择了中国社会科学出版社 1997 年出版的翻译版本，由孙耀君等人翻译，书中的标注页也与此对应，这个版本翻译较为准确，在早期的巴纳德爱好者中流传甚广。读者也可以借助由王永贵翻译，机械工业出版社 2007 年出版的翻译版本和 2013 年出版的珍藏版。《组织与管理》，可以参照由曾琳、赵菁翻译，中国人民大学出版社 2009 年的版本，以及由詹正茂翻译，机械工业出版社 2016 年出版的版本。

郭威　北京三味管理研究院

第 1 章　为什么还是巴纳德？[①]

① 郭威，巴纳德组织理论解读：为什么还是巴纳德［J］，中国人力资源开发管理创新版，2013。该文 2013 年发表于该杂志，本书在原文的基础上做出修改。

巴纳德1938年的著作《经理人员的职能》，距今已经有81年的历史，我们为什么还要关注它？巴纳德所建立的现代组织理论，还能否适应信息、后现代社会现实的需要呢？这是一个值得讨论的问题，关系到我们要不要再花很多精力去体验它，如果有更璀璨的思想，更重要的理论，更多超越其思考的现实，或许我们不必再费力费心。

我要谈谈接触到巴纳德理论的一点感受。它带引人进入一个意想不到的空间，美妙、神奇，或许还有一点神秘。巴纳德随便说点什么都值得品味，越反复品味越有意思，我们先体会一下他的语言。

巴纳德在其著作最后讲到，“**具有自由意志的人的协作的力量，能够使人自由地协作。**”（P231）[①] 这句话里到底包含着什么呢？我们可不可以想想，不具有自由意志的人，或者说自由意志较少的人，是不是可以良好地协作呢？所有的人都听话，根据要求做事，有人下发指令，有人执行，这不是协作更充分的状态吗？假定每个人按照自己意志做事的空间较小，很少有人能够接触到一个广袤的世界，人生之路很早就确定了，在熟悉认同的理念下、在反复交往的有限人群中发展出人际交往技

① C.I. 巴纳德著，孙耀君等译，《经理人员的职能》［M］，北京，中国社会科学出版社，1997。本书所有关于巴纳德的引文，来源于此书，一律采用引号标注，加黑字体，后面括号中标明引文在该著作中的页数。

能，在此情境下协作的技能和条件岂不是更容易控制吗？再进一步假设，如果每个人都像机器人一样按照指令来行动，协作会更加容易，人类组织将变成一架精密的机器。可是，那样的人类社会将是多么冰冷。这提醒我们关注自由意志这个概念，人具有自由意志吗？人的自由意志在怎样的程度范围之内呢？于是我们自然会想到选择的问题，人有希望自己做出选择的意愿，现代社会的特点不正是赋予人更多的自由和选择的权利吗？然而，如果每个人都按照自己的自由意志行事，每个人都有自己的选择权利，每个人的行为都具有了个性化的特征，那么协作的力量又如何发展呢？这隐约地使我们体会到个人和组织之间的均衡问题，我们需要考虑得更多了。假如自由意志在很大范围内存在，具备更强的驾驭组织的能力则成为一个绕不过去的命题，变动的社会对协作的质量提出新要求，必须发展组织理论。

短短一句话的背后饱含着力量，表明了一个对人的基本假设，一个与决策相关的重要问题，激发我们考虑到组织的模式。过去那种少数人发出指令、多数人不假思索按要求执行的方式也许仍然在某处发挥作用。而承认人的自由意志、允许个人决策的组织方式或许更符合现代，管理也由此进入现代，我们这时候体会到为什么巴纳德被称为现代组织理论的创立者，为什么偏偏是他引领我们进入现代管理理论。

我们再体会点巴纳德的语言，他谈道，“**正式组织不稳定的根本原因来自外界力量。**”（P5）这句话的含义是什么呢？他之前谈过导致组织不稳定的另外两个因素，一个是人性的问题——人性的斗争本能、自我主义；另一个是组织结构性的问题——机能或构造缺陷。在此基础上，他话锋一转，将组织不稳定的因素引导到外界环境的力量，他认为正是由于环境在发生改变，环境力量影响组织。如果环境不变化，组织会趋于稳定。这又引发我们思考，人性、结构、环境，到底什么是影响组织存在的决定性因素？巴纳德认为瓦解组织的力量来自外部环境因素，但是我们确实可以观察到，有些组织似乎更多地毁于内部，孔子曰“祸起萧墙”，很多组织难道不是因为内部的争权夺利、钩心斗角耗尽了自己？内部消耗的临界点上受到外部力量的攻击，经常是一些组织衰败的节点。一个组织瓦解到底归于什么因素呢?

巴纳德就是这样，他的话引发我们思考，您可以不同意他的论述，但不能否认他带给我们思考。如果稍有耐心，我们紧接着就能体验到他论述的力量。大脑思绪万千时再读几句巴纳德，“**外界力量既为组织提供使用的物资，又限制了它的行动。一个组织的持续取决于在不断变动的外界环境中，物的、生物的和社会的各种物质、要素和力量的复杂性之间维持平衡。这就要求调节组织内部的各种过程。我们要涉及引起这种调节的外界条件的性质，但我们关心的中心是实行调节的过程。**”(P5)

思考的问题一下子变得雪亮，巴纳德说清楚了。组织与环境相互联系，组织是个开放系统，组织调整是个动态过程，导致组织不稳定的因素可以是内因，也可以是外因，高于这两个要素的是如何相互联系。而且组织理论的作用点恰恰是考虑到环境影响的内部调节过程，这意味着，我们必须建立组织起来的力量去克服外界环境的挑战。

读巴纳德理论常有这样的感触，一句话引发了我们思考，想来想去不得其解，反复琢磨之后会提出些质疑，再往后看，放在他更大的思维空间一琢磨，发现人家已经说明白，说通透了。他在一字一句慢慢说，不是人家没说清楚，往往是我们太浮躁，太急于找到所谓的结论。每到此时，正是体会理论的时刻，感知到一点他复杂大脑中的思路，沾点巴纳德的思想光芒，自会受益匪浅。巴纳德建立了现代组织理论，有过七个荣誉博士学位，是新泽西贝尔电话公司的总裁，曾任洛克菲勒基金会、美国国家科学基金会等众多社会机构的负责人。他与人际关系学派的建立者埃尔顿·梅奥，哈佛大学的生物化学家、帕累托理论的研究者亨德森等人，有着密切的思想联系。很难质疑巴纳德的理论，因为我们很难具备巴纳德的思维能力，事情得放在一个具体情境中才能讨论。下面列出几段话，我们不多解释，可以自己静静去品味。

巴纳德谈到过领导问题，给人以希望和道德的力量，“**经理人员的责任就是领导者的能力。这种能力反映主要不是由领导者决定的态度、理想、希望，它们把人们的意愿结合起来，去实现超越于人们的直接目标和时代的长期目的。即使这些目的是比较低的，时间也是比较短的，人们的短暂的努力也成为有生命力的组织的一部分，超越了没有人帮助的个人的力量。而当这些目的是高尚的，许多世代的无数人的意愿结合在一起时，组织就将永久地持续存在下去。**”（P222）

他谈到过决策问题，大量做过决策的领导者都能够对这句话会心一笑，“**决策的艺术在于：对现在还不适当的问题不作决策，时机不成熟时不作决策，对不能有效地实行的事不作决策，对应该由别人决定的事不作决策。**”（P152）

他谈个人与组织的关系时的一段话，特别能使管理者感同身受，“**尽管有人感到某个组织体系湮没了他的个性，但由于这是他自己的选择，大都会感到这个组织体系是属于他的。许多经理人员尽管有时感到自己只不过是难以衡量的一般力量的传递者，在所有的同事中自己是最不自由的；但他仍认为，如果人们不作选择，没有愿望，不感到自己负有责任，别人也这样认为的话，协作的内容就不存在了。**”（P231）

巴纳德有时会冒出些神句，这句话告诉我们，他的理论彻底突破资源层面进入能力空间，“**在协作的人们中，可见的事物是由不可见的事物推动的。形成人们的目的的精神是由‘无’产生的。**”（P222）

继续听巴纳德说几句，“**我认为，协作的扩展和个人的发展是相互依存的，它们之间的恰当比例或平衡是实现人类幸福的必要条件。由于这对整个社会和个人来说都是主观的，我认为这种比例无法由科学来确**

定。这是一个哲学和宗教问题。”（P231）多么恰当的语言啊，巴纳德告诉我们组织的协作问题，绝非纯粹科学的客观真理，他抱着科学的态度看到了科学的边界，没有将一门知识推向工具化，没有落入教条，这为我们创造性的思考打开了空间。

其语言字字珠玑。若为了发展理论读巴纳德，为了把一个组织管理好读巴纳德，为了建设一个美好的社会读巴纳德，奔着“有用”而去是永远得不到真知的，真知自动会逃离过强的目的性。我们投入了那么大的资源发展管理理论，可至今无所贡献于世界，实在令人汗颜；对于饱含思想的众多经典名著，没有下大功夫研读琢磨，囫囵吞枣，草草结论说过时了，令人遗憾。在任何一个美好的事物面前，在任何一个美妙的理论体系面前，我们难道首先不应该去体会它吗？

为什么还是巴纳德？提出正确的问题与正确地回答问题同样重要。巴纳德的理论不单是用来指导社会实践的，也不单是用来发展理论的，它主要是给我们每个人一种体验的经历，有了这个经历，有了这个体验的过程，有了与他思想的神交，我们就会受益，这难道不是最重要的吗？简单讲，任何功利性地使用巴纳德理论的人都会失望，得不到什么，自己还饱受重创，被那些深层空间的概念折磨得遍体鳞伤。我个人就有这样的经历，在初次读《经理人员的职能》一书时，我就遭受了巨大的打击，所有的字都认识，但意思是什么一点不懂，咬牙读完前三章后，合上书本，大脑一片空白，跟没读一样，除了有要吐血的感觉之外什么都没得到。后来我发现自己目的不纯，总想从里面获取点什么，总想快速抓住思想核心。总结段落大意式的阅读，根本上不了路。幸好有人在关键处点拨了几句，头脑开始冷静下来，从个别的点慢慢进去，逐渐理解一些、深入一些，直到感觉明白了，彻底明白了，大呼过瘾，有一通百通之感，突然又有些糊涂，如此明白糊涂反复循环，算是理解了点皮毛。本书从某种意义上讲，就是为喜爱巴纳德、苦于无法理解巴纳德的人，提供一点点帮助，找到理解其理论的某个入口。

希望更多的人去了解巴纳德，去接触他的思想。我们能不能无拘无束地品味他的理论呢？让大脑自由翱翔，让他的思想继续像泉水般在人间涌动?

第 2 章　个人

什么是个人？巴纳德告诉我们，这是几个世纪以来哲学家和科学家一直争论的问题，他不准备给什么新的定义。但巴纳德又发现，避开这个问题，也就是离开对人的基本假设，他没法完成自己的理论。于是，巴纳德给出他选择的、对个人的定义，这是在他组织理论的独特视角下选择的定义。从什么角度去定义个人，这个非常关键，这是论述很多问题的基点。

巴纳德谈道，“**个人的意思是指一个单独的、独特的、独立的、分离的、完整的人，体现着过去和现在无数的力量和物质，包含着物的、生物的、社会的要素。**”（P10－11）

上来这句话简直等于一万点暴击，难以理解。巴纳德在界定个人和协作体系这两个概念时，都借用了物理的、生物的、心理的和社会的四个角度去界定，这是四种不同的视角，包含的假设不同。这有点奇怪，似乎脱离了对管理学、组织理论的普遍认识，然而这又是必要的、不可或缺的。

物理的视角就是把一切东西都看成是物质，在这里人和其他东西没有什么区别，人和一座山，人和一台机器，人和空气，人和光电，人和原子分子，人和茫茫宇宙中的星球，都一样，都由物质组成，这种单独提炼出来的视角有什么意义呢？管理领域工业工程学派更容易理解其意义。比如，在流水线上每一个具体的操作，由工人按照作业规范来完成动作，从结果角度讲，与机器设备来完成这些动作没有什么不同，就像齿轮上的一个环节，这时候人类似物体一样。再如，在某个工厂作业区安排人员、机器与物料位置的时候，在高空作业设计脚手架负荷的时候，我们有时只关注人的物理属性，其面积体积多大，其重量是多少等。

生物的视角就是将人看作一个有机体，与一切具有生物属性的活体属性相同，与无机物相区别，这里人与生物界的动植物一样，这种视角的意义何在呢？与工业工程相关的领域有一个疲劳研究分支，历史上进行了很多研究，主要关注点在于人的生理能力。比如，在持续作业的条件下，一个搬运工搬运多少次箱子会产生疲劳，一个流水线上的作业人员完成多少次操作会产生疲劳，如果疲劳程度影响了作业效率，影响了过程质量，那么就需要合理地安排休息时间。在狭窄闷热的空间进行电焊作业的工人需要哪些防护措施，一个长时间的会议中间需要提供饮食，办公室的布局与光照要结合起来分析，这些考虑很大程度上是关注人的生物属性，或者说人的生理能力。泰勒的动作研究、时间研究和任务计划近似于寻找客观规律，工作任务被细分，细分为具体的动作，一个人完成这项工作任务可能会采用很多种方法，具体采用哪种工作方式最有效率，所有这些分析，主要就是考虑到人的物理属性和生物属性。

心理的视角就是从人的认知、情感和意识的角度来看待，个人有其看待问题的角度，个人存在着欲望，个人是有需求的，个人会产生动机，如果对比上面把人看作物理的和生物的个体，这显然是一种大大的进步，此时的人不但有血有肉，还拥有了心理活动。这种视角的意义又在哪里呢？当今时代，我们理解起来会容易多了，梅奥参与的霍桑实验关注人的士气问题，发现情感因素是一个不容忽视的问题，关注员工的心理成为人际关系理论、组织行为研究的重点。例如，当一位新员工进入企业，进入其所在的部门时，这是一个过渡期，也许由于他没有熟悉的同事，感到孤独和害怕，这时如果有一个角色，帮助他与一些岗位的人建立联系，就可以较早地适应新环境，较早地进入工作状态。再如，如果很多员工处于高压力之下，或者是工作环境恶劣、工作强度大，或者总是担心失业等，员工就很可能处于“悲观主义的出神”状态，心里担忧、惦记、恐惧很多事情，无法集中精力好好工作。此时，想办法调整员工的心理，给他们的情感一个抒发的机会，可能就会提高士气。

社会的视角就是将个人放在人与人之间关系的角度来看待，尽管个人是一个生物意义上的独立存在，尽管我们认为个人有其自己的心理状态，但是，现代组织环境中的个人却没有一个是独立存在的，他必然处于某种社会关系之中，必然与其他人发生关联，我们可以近似地理解，这是结构性要素对人的影响。公司的制度，公司的文化，公司中人们非正式的人际交往，都会对单个人产生影响。梅奥在霍桑实验的研究，关注到了群体的问题，关注到了非正式组织对人的影响，一个人工作中的产量，受到非正式组织的影响，往往处于正式组织要求的数量之下，工人们有自己认为合适的产量数目，这就是典型的社会因素对个人的影响。当然，从社会系统角度来定义人、思考人的问题，巴纳德是这个学派的建立者。例如，当企业考虑到自己做一些事情，与自己有关的各类组织会受到影响，一个企业很难在不考虑顾客、竞争对手与经销商、供应商等合作伙伴的状态下任意行事。同样道理，一个人也是如此，他总是存在于社会关系之中，他可能有上下级，可能有工作中的团队伙伴，还可能去接触外部的人。环境中的各种经济、政治、文化等力量也会影响到一个人。从社会性因素的角度考虑问题，是认识到了个人必然存在着社会联系，这种社会联系的力量会对个人产生影响。

我们从物理的、生物的、心理的和社会的四个角度分析了个人，这时我们就会意识到，巴纳德为什么说个人包含着物的、生物的、心理的和社会的要素。是的，认识个人可以有多个角度，这几个都是底层的视角，也是与管理学、组织理论相关的视角。

还是上文巴纳德那句话，他说个人是单独的人，体现着过去和现在无数的力量。这又是什么意思呢？我们从四个因素的角度，立即可以体会到一些含义。巴纳德的意思是，人即使被看作一个纯粹的物体，他与外界也会联系，比如，外界温度的变化也会影响人身体的温度。人作为生物体，其活动能力就变得重要了，人具有调节能力，具有维持内部平衡的能力，这是一种生存能力，而且人作为生命体，是漫长的物种演化的结果，过去的因素一直对现在产生影响。人作为社会中的个体，必然会存在着同其他人发生联系的情况，唯有此才能做某些事，完成某些任务，发挥出其机能的力量。

简言之，巴纳德说，个人处于时空之中，处于社会联系之中，尽管我们认为，个人是独立的、完整的人，但是，个人无法摆脱与外部的联系。无论从物的、生物的、社会的，哪个角度考虑，都是如此。这个分析的必要性，很快就会显示出来，我们在逐渐递进。再看看巴纳德的原话，补充对上面的认识。

巴纳德认为，“**个人是一个特定的、个别的、物的存在。……但是，另一方面从更广阔的目的来看，没有什么东西，包括人的身体，是个别的独立存在。如果不同物质界或其部分的相互关系来看，它是无法予以描述、使用、确定的。**”（P8）

“**活体是由其行为被认识的，而所有的活的行为都是物的因素和生物的因素的综合体。如果任何一种因素被去除了，特定的行为就不会表现出来，物的形式也会发生未所预料的变化。但是，如果说单个的有机体是这样构造的，那就意味着它不仅代表着普遍的物的因素，而且代表着漫长的物种的历史。因此，如果我们不考虑所有这些方面，有机体就是一个个体，如果我们考虑到这些方面，有机体就是由我们看不到的许**

多东西组成的一个集合体。”（P9）

“**不同于物体同物体之间的，或有机体同物体之间的相互作用，人的有机体之间的相互作用存在着相互的经验和适应。……换句话说，两个人的有机体之间相互作用是对适应行为的意图和意义的一系列反应。这种相互作用所特有的各种因素，我们称之为社会因素，而把这种关系叫作社会关系。**”（P10）

至此，我们把巴纳德的论述精简为几句，个人是一个活体；通过其行为被认识；个人是社会关系中的个人。用一句话说就是，个人是时空关系中的个人。然而，精彩尚未到来，组织理论视角下的个人，具有什么特性呢？

巴纳德认为，“**个人包含一些特性：**1. **活动或行为** 2. **心理的因素** 3. **有限的选择能力** 4. **目的。”（P11）**

1. **“个人的一个重要特征是活动。活动的总体和易于观察到的方面叫作行为。没有行为就没有个人。**”（P11）

这里，活动和行为是关键词，这也是组织研究的关键词。是的，不处于活动状态的人是没有意义的，组织中需要的人，未必是其拥有什么素质和能力，更关键的是其是否产生活动。而活动易于观察到的整体特征，叫作行为。没有行为就没有个人，这句话更加点题，在组织理论的视角下，个人的全部意义在于其是否存在行为。这里的理解对于今后做出组织的定义是基石的作用。为什么在组织理论领域巴纳德都被视为基础理论的贡献者呢？因为，他找到了人的本质意义。

从管理角度做一点派生的思考，管理到底要管什么好呢？答案是管理活动就好，管理行为就好。

2. “**个人的行为产生于心理因素。心理因素这个词的意思是，决定着同其现在环境关联的、个人的历史和现在状况的物的、生物的、社会的各种要素的结合、合成、残余。**”（P11）

这几句话，如果结合上面他谈到的人的物的、生物的和社会的因素，以及我们补充性的解读，事情就明了许多。个人的行为产生于心理因素。这句话是在界定了行为代表个人重要特征的基础上，进一步的深挖，又是什么因素决定了行为的产生呢？是心理因素。我们用通俗的话说，一个人得“想要”产生行为，他才能产生行为。

那么，个人的心理因素又受什么影响呢？巴纳德的意思是，个人的心理因素与历史和现在的物的、生物的、社会的各种要素相关联，是各种要素相互作用的产物。简单讲，心理因素也不是孤立存在的，与环境诸要素，与个人的其他要素有关，是这些要素耦合的结果，是一种经过了作用的存在。

举个简单的例子，一个企业要在沙漠地区开发一个项目，作为员工的个人，会不会产生“去”这个行为呢？这有赖于个人的心理，个人有没有去的动机，愿不愿意去。而个人愿不愿意去，又与很多因素相关联，比如，沙漠地区的物质环境、人文环境是否安全，以及个人的身体状况、家庭条件、职业精神、道德等等都相关。工作环境恶劣，个人的身体状况不好，家里还有孩子需要照顾，在此情况下，一个人也可能选择去，因为他愿意为集体做奉献，或者有着极高的职业素养。工作环境很好，个人身体、家庭条件都上佳，一个人也可能选择不去，因为他的心理对“沙漠”存在着恐惧，这种恐惧也许仅仅是幼儿时的某个经历。

3. “**人们具有选择的能力，决定的能力，自由意志。……但是，这种选择能力是有限的。……自由意志的有限性还由于当人遇到大量机会和很多选择时，选择能力就处于麻痹状态。……可能性的有限性是选择的必要条件。找出不能做某事的理由，通常是决定应该做什么的一种方法。我们在后面将要讨论的决策过程主要是有限决策的技术。**”（P11 - 12）

这段话又是一个突破性的论述。既然个人的行为产生于心理因素，那么，从哪个角度分析心理因素呢？巴纳德实际上是选择了人的认知心理，在承认个人具有自由意志的基础上，进一步推进到了人的选择问题，人做决定的问题。现在我们都知道了，人在组织中是需要决策的，决策就是一种选择，往往是在诸多可能性中的一种选择，在某些方案中的一种选择。

在建立组织理论大厦的路上，巴纳德显然没有沿着梅奥等人注重人的情感心理这条路上往前走，他选择从人的认知角度考虑问题，人有自由意志，这促使着人们做出选择。

然而，更令人佩服的是，巴纳德深一步认识到了自由意志的有限性。人是有自由意志，但人的自由意志同时受到了限制，因为人的选择能力是有限的。为什么人的选择能力有限呢？前面已经指出，个人是物的、生物的和社会的要素的综合体，那么，任何个人显然不能穷尽认知到所有这些要素的全部准确状态，人是受到认知局限的生物。举例来讲，企业当中任何一个活动——谈判一个订单，编写一个程序，制作一个文件，接待一个顾客，维修一台机器，安排一次会议，按照泰勒的方式，每个这样的活动都可能包含了多种方法的无数动作的排列组合。一个人要想全部达到最优状态，往往干脆就不要做这些活动了，因为达到最优状态恐怕需要很长时间都不能完成。个人在时间环境约束下，往往能够认识到的事物是有限的，这就是为什么很多选择陷入了无数细节，反而不知道该怎么办的原因，也是很多人选择模糊判断的原因。人的自由意志使得人们要做出自己的选择，而同时，选择过程中人的认知能力是一个制约因素，因此，人的自由意志必然受到客观的限制，即人的选择能力有限。假如一个人长期陷入对任何事情的选择中，特别是一些琐事的选择中，恐怕都没法生存，比如，午餐吃什么最有营养？有可能有一万个方案，真要是事事如此选择的话，还没选择完就饿死了。

另外一个自由意志有限性的原因是，人可以选择的太多，选择能力有可能处于麻痹状态。例如，拿到1个工作邀约的人会很容易选择。但是，如果一个人同时拿到了5个工作邀约，他就要花时间选择很久。如果拿到10个邀约，他甚至可能随便选一个就去，因为，选来选去陷入迷茫，每个工作机会都各有优势，选择状态麻木了，导致无法比较。再如，企业中某个人同时面临很多性质不同的大量任务时，他甚至干脆先不干了，因为不知道先干哪个好。因此，巴纳德才说，可能性的有限性是选择的必要条件。

至此，巴纳德重点谈了自由意志的有限性，仿佛他对自由意志的限制条件更感兴趣，这很可能，因为个人在组织中，组织本身就是对个人的一种限制，这里所说的限制主要是指诸要素对个人客观的影响，并非人身限制的意思。下面一小段论述，是巴纳德的完整认识。

“**选择范围的狭窄性是由于物的、生物的、社会的要素综合起来提供的可能性是有限的。……人是有选择能力的，但人同时又主要是现在和过去的各种物的、生物的、社会的力量的合成物。这并不否认选择能力的巨大重要性。虽然选择能力在某个时刻可能极为有限，但坚持朝一定的方向反复选择，可能最终会使得人的物的、生物的、社会的要素发生很大的变化。**”（P13）

上面第3点刚开始那段巴纳德的论述，最后两句偏向于讨论如何决策、决策过程的问题，暂不多做解释，巴纳德也提到与后面书中的决策理论有关。这里只想略作提醒，巴纳德居然将个人的自由意志与选择的问题进而与管理中决策的问题联系起来，这是多么令人吃惊的一件事情。

4. “**限制选择的条件以便使意志能力行使现实可行的企图叫作提出或达到一个目的。在本书中，主要讨论同组织活动有关的目的。**”（P12）

这句话讲得凝练，这里为什么提到目的呢？目的在这里的作用是什么呢？上面已经论述过，人的选择能力是有限的，可能性的有限性是选择的必要条件，那么，这里提到的目的就是设定选择的条件，也就是为了面对人的有限的选择能力，组织为个人提供目的，以使得选择的可能性变得有限。是的，个人一旦被赋予目的，那么，他的选择范围就大大缩小、聚焦、具象了，个人行使其自由意志与现实可以做的事情才得以结合起来。我们也可以反过来再想想，如果一个组织不给个人提供目的，组织不提出目的，也不达到什么目的，那么，个人由于选择能力的有限性，个人可选择的事情太多，反而无法做出恰当的选择。

注意，巴纳德在此强调到，这里所说的目的不是个人的目的，是同组织活动有关的目的，是组织的目的。对于个人来讲，组织中的个人会受到组织目的的影响，这是巴纳德所讲的组织中人的特性的最后一点。

到目前为止，我们研读了巴纳德对个人的定义，而且这个定义的视角基本是引导我们对处于组织中的个人、处于一个协作体系中的个人的描述，巴纳德还提到了一个问题，协作体系之外的个人行为的某些特点。

巴纳德谈到，"**人们选择是否参加某一特定的协作关系。这种选择将以下两点为依据：（1）当时的目标、愿望和推动力；（2）个人认识到的在他之外的其他可供选择的机会。个人受到以上两点的影响和支配而修正自己的行动，组织则由修正后的个人行为而产生。对之做出慎重得考虑和专门的控制，是经理人员职能的本质。**"（P15）

这段话将我们带到一个场景，仿佛某个协作体系外部的个人要参加这个协作体系之前的选择，简单讲，由个人来决定是否参加一个协作关系。如果个人有参加的愿望，就参加，如果个人发现还有别的机会，相比较之后，如果这个机会比较好，也选择参加。如果个人没有参加的愿望，或者发现其他的更好的机会，就不参加。这里面内含了一个重要问题，组织由修整后的个人行为产生，这个修正后的个人行为正是由上面的两个选择为依据的。显然，根据个人选择的特点，管理者在此可以做一些事，这就是一种管理活动。后面当谈到组织存在的三个充要条件时，我们会发现这一分析的重要性。为了获得组织的协作行为，组织必须获得个人的协作意愿，个人协作意愿怎么产生呢？于是就与协作体系之外的个人选择问题相关。

巴纳德继续说道，“**我们把愿望、推动力、需求叫作‘动机’。动机主要是由现在的和过去的物的、生物的、社会的环境中的各种力量产生的。动机是由个人的各种心理因素造成的，是由行动以后的事实推断出来的。……对于一个人的需求，可以从他在有多种选择机会时所做的或试图做的事看出来，……动机通常被描述为对目的的追求。**”（P15）

这段分析使我们越来越清楚。对人的需求、人的动机必须有所认识，梅奥和巴纳德之后，大量兴起的人的需求、人的心理研究，激励理论的长久不衰，有力地说明了这一问题的重要性。然而，还是回到巴纳德所有理论的基点，他分析个人是为了建立组织理论，巴纳德的分析显然是放在个人与协作体系的关系中论述的，他永远是在组织的角度看问题、分析问题的。视角的问题，我们多次提过，在对个人进行界定的时候，巴纳德也提了几句。要理解他的理论，适当感知他看待个人的灵活视角是必要的，否则，我们跟不上他的思路，容易产生误解、困惑。下面我们将巴纳德的提醒呈上，不再过多解释：

巴纳德提到过，“**我们根据情况和目的，有时以惊人的技巧，常常从一个角度转到另一个角度。**”（P13）

巴纳德指出两种角度的区别，“**本书中对待人的问题有两种角度……作为特定的协作体系的参加者的人，纯粹从他们的职能方面，作为协作的侧面来看。只要他们的努力是协作性的，他们的努力就被非个人化，或换句话说，被社会化。……作为外在于任何一个特定组织的一个人，将被看作是物的、生物的、社会的一种独特的个人化，具有有限的选择**

能力。”（P13－14）

巴纳德谈到，如何对个人这个概念进行界定，取决于目的，“**一个个人……是在各个不同的侧面上相互替换，这些侧面可以同时出现。两者总是出现在协作体系中。这些侧面选择哪个，取决于考察的领域。当我们把协作看成是两个以上的人的活动的一种职能体系时，讲的是人的职能的或过程的侧面。而当我们把人看成是协作职能或过程的对象时，第二个方面，个人化这一方面就更为方便了。**”（P14）

巴纳德论述个人与协作体系的两种关系，“**对于某一特定时间的任何一个具体的协作体系来说，社会中的绝大多数个人并没有直接的职能上的关系。同任何一个特定的协作体系相联系的个人有着一种双重的关系：职能的或内部的关系，这可能是时断时续的；个人的或外部的关系，这是连续的而不是时断时续的。就第一种关系来说，人的某些活动只是活动的非个人体系的一部分；就第二种关系来说，个人是外在于、孤立于或对立于协作体系的。**”（P14）

对于“个人”这个概念的研读，至此结束。“个人”是个基础概念，是建立组织理论的根源性问题。我们在这里对巴纳德理论做出研读，感到一种美好事物可能开始很枯燥的无力感，为什么那么多人无法读透《经理人员的职能》这本书呢？很可能与巴纳德上来就讨论个人、协作体系、组织这类基础性的概念有关，文中的内容让人迷茫，这是讲什么呢？于是很多读者干脆放弃。

细心的读者可能发现，我们在另一篇文章“自由意志”中，与本文有一些重复的部分，在另一篇“能率”问题研读中，有些与本文相关。这是因为，越是重要的问题，越要强调和重复，一个概念或问题在不同地方出现，有利于我们建立理解。下一篇我们进入协作体系。

第 3 章　协作体系

巴纳德在界定个人之后，开始论述协作体系，对协作体系的分析，是他提出“组织”这个核心概念的另一个不可或缺的基础。对于我们，认识路径是这样的：什么是个人？什么是协作体系？什么是组织？

特别提醒一下，协作体系并不是巴纳德所讲的“组织”，组织是一种更本质的存在，是构想的事物，是看不见、可感知的存在，不是一般意义上事物的概念。也可以说，协作体系是我们日常看到的、听到的、感知到的、现象形态的组织。

在巴纳德看来，协作体系，即我们通常观察到的现象形态的组织，是一个包含了物的、生物的、心理的和社会的因素的综合体系。如果之前理解了巴纳德对“个人”这个概念的解释，那么，对协作体系的认识就显得容易一些。个人，同样是一个包含了物的、生物的、心理的和社会的因素的综合存在。从协作体系来讲，比如，一家企业包含了办公厂房建筑、机器设备、产品、资金、工作人员并与外部社会发生着联系，这显然就是一个包含了物的、生物的、心理的和社会的要素的体系。逐一分析这些要素，可以使我们搞清楚，每一种要素在协作体系中发挥什么作用？进而帮助我们认识到，个人与协作体系有什么区别？为什么个人要参与一个协作体系？

巴纳德认为，“**个人目的的存在，或相信其存在，以及个人受到限**

制的经验导致了达到目的和克服限制的协作。所采用的具体过程，在工业中叫作工艺技术，在自由职业者叫作技能，在宗教界叫作仪式，在个人行动方面叫作适应行为、手段、选择达到目的的适当方法。”（P19）

上面这段话清楚地告诉我们，个人有其目的，当个人依靠自己的力量无法达到目的时，就选择协作。或者说个人感觉到受到的限制，这种限制，单凭个人的力量无法克服，就会选择协作。当对个人的限制是物的因素，比如，一个人身体体积太大，无法进入一个小空间干活，他会选择与他人协作，由身体体积更小的人进去干活；当限制是生物因素，比如，一个人无法不间断地在流水线上操作，他会选择与他人协作，轮流工作；当限制是个人的心理因素，比如，一个人在机器的轰鸣声面前感到恐惧，不敢独自工作，他会选择与他人协作，他可以在与熟练操作人员的共同工作中缓解心理压力，这个过程，对于这个人来讲，他采取了办法克服自己的心理障碍，同时，由于他与另一位熟练的操作人员发生了联系，派生了个人之间的相互作用，也就产生了社会因素；当对个人的限制是社会因素，比如，一个经理人空降到一个新的企业，得不到支持和理解，他就会选择和现有的某些人物沟通，建立信任，想办法获得重要的信息和部分支持，这就是考虑到社会因素的影响。

而且，巴纳德还提醒我们，个人达到目的和克服限制的努力中，在不同的领域有不同的称谓，有些是技术性质的，有些是技能性质的。还有一类，也就是个人行动方面，叫作适应行为，我们可以理解为这个专业叫作如何建立协作体系，后面我们可以称之为如何建立组织，依靠组织起来的力量克服单个人有限力量的限制。再说得直白一点，维系一个组织的存在，这种活动叫作管理，管理活动是一种帮助个人达成目的、克服限制的方法，它通过建立组织这个手段来完成。

我们了解到，个人为什么选择协作，是因为个人单凭自己的力量达不到目的，或者无法克服某些限制，于是个人选择协作，此时，协作体系便产生了。协作体系是一个包含了物的、生物的、心理的和社会的综合体系，这个体系本身此时也成了限制因素。也就是说，个人如果不能建立一个协作体系，也就无法达到目的或克服障碍。注意，此处一个重要的区分由此产生，相对于个人而言，其所要克服的限制增加了，这个增加因素是协作体系自身的建立和维持。本来，一个人要做某件事，但是个人无法达成，于是选择协作，也就产生了协作体系，协作体系一旦产生，就派生了如何维持协作体系的新问题。

关于协作体系的问题，上面我们基本解释完毕，想要彻底理解他讲的到底是什么，还需要一个更为细节渐进的过程。巴纳德自己将协作体系中的要素分为了两章，一章是协作体系中物的和生物的限制，看懂这一章似乎需要点物理学、生物学和技术方面的知识；另一章是协作体系中的心理因素和社会因素，搞明白这一章也许要用点心理学、社会学的知识。我们不必那样过多的要求，仔细体会巴纳德的每一字、每一句即可，下面的研读我们没法完全详细解释他书中所有的内容，那样内容太多，我们只截取重要的若干段内容予以解释。

1. 物理和生物因素

巴纳德采用了渐进的办法来帮助我们逐一理解协作体系中的各个要素，他先讨论物的和生物的要素，之后才加入了心理的和社会的要素，这种方式对于剖析一个多因素组成的体系，很有帮助。同时讨论所有因素，一下子不容易理解，而当我们暂时把某些因素排除在外时，剩下的因素就显得清晰。巴纳德是这样界定的，**“假定只涉及生物的和物的因素，而把社会因素放到后面去讲。这就要求把人作为某种被操纵的机器人来对待。我们给他规定目的，并假定他没有满足的感觉。”**（P20）在上面这种限定了讨论范围的情况下，巴纳德讨论到：

（1）协作有效的理由和时机

“如果我们消除了人的个人满足并把个人的目的规定为主要是生物的需要，那么，他们除非为了做个人做不到的事，就没有理由进行协作。协作存在的理由就是克服个人能力的限制。……达到目的的限制是两类因素的联合作用。一是，个人的生物的才能或能力；二是，环境的物的因素。”（P20）

巴纳德这里是在分析协作体系产生的理由，在什么情况下，也就是在具体各种因素处于什么状态下，需要协作。我们通过举例来说明这个问题，如果一个人的目的是移动一台巨大的设备，显然，个人的生物的能力做不到，为了克服这种限制，这时候个人就会进行协作。巴纳德说的，达到目的的限制是个人生物能力和环境的物的因素两类因素的联合作用，这里面联合二字指的是一种相对概念，也就是任何一种因素发生改变，都可能使得限制消失。

“**限制的克服是达到目的的手段。当不能克服限制时，就必须放弃目的。……一个普遍观察到的明显事实是，两个以上的人在一起工作时的生物的能力，在某些方面和某些条件下，超过个人的能力。……当生物的能力被看成是限制因素，而通过协作可以克服这些限制时，限制因素就成为协作本身。如果事实表明不可能实现协作，而物的条件又成为限制因素。如果它不能被克服，就放弃目的。**”（P21）

上面这段话有两点需要仔细理解。巴纳德说，当生物的能力被看成是限制因素，通过协作可以克服，限制因素就成为协作本身，这一点很重要。对于个人来讲，此时建立一个协作的状态就是必须要完成的事情了，完成协作就等于克服了限制。但是，存在另一种的可能，不可能与其他人进行协作，也就是不可能克服限制，就只能放弃目的。还以上面的例子继续说明，一个人找来了其他人进行协作，要移动一台巨大的设备，但是他们发现，由于设备所在空间的狭小，只能容纳一个人进去，大家无法将所有人的生物的力量协调起来，不可能实现协作，就只能选择不协作，此时，又转变成了物的限制，除了要搬动的设备太沉太大这个原有的物的限制以外，如果有其他的物的支持，比如一辆叉车或者一个机械臂，也能帮助个人达成目的，假如没有这些物的条件的帮助，就只能放弃目的。协作是为了克服个人生物能力的限制，协作可能达成，也可能无法达成，还有一种选择就是放弃目的。

我认为巴纳德这里不胜其详地分析，是要让我们意识到协作体系产生的具体情境，与物的、生物的要素的具体联系，同时，顺理成章地讲清楚，人们进行协作之后产生了一系列复杂的新情况。还以上面举例来看，如果一个人单干，不协作，他只需判断自己的生物能力能否搬动机器设备就可以。而如果选择了协作之后，协作者要判断机器设备的物的属性，比如，体积和重量有多少；要判断协作者们生物的限制有多少，几个人协同起来的力量有多大，几个人怎样协同力量最大；还要判断几个人协作是否有新的限制，比如，空间不够也是一种新的限制，为了扩大空间他们可能选择对场地进行扩大，这甚至又派生出是否有挖掘工具等新的限制。简言之，个人行动与协作体系不一样，建立协作体系本身是个复杂专业的问题。

（2）协作过程目的的特点

为什么要谈协作过程目的的特点呢？因为巴纳德之前说了，目的使得限制这个词产生意义，如果没有确定的目的，我们就不知道限制因素具体是什么，谈限制也就没有了意义。当限制因素不能被克服的时候，我们就要放弃掉已制定的目的，去建立新的目的。因此，目的是重要的，而且个人目的与协作体系的目的存在着差异，所以这里必须谈到协作过程目的的特点。

“协作努力的目的在种类和性质上都发生了变化，有些目的是个人行为完全没有的。如果仍旧不考虑社会目的，则个人行为的目的是改变成为达到目的的限制的物的环境。这些目的可能是直接的，也可能是间接的。当目的是间接的情况，包含的对目前环境的行动是为了便于将来达到目的。……这些为了间接目的的迂回行为全部都属于协作的努力。但在协作中，它们丧失了个人的性质。除非经过媒介的过程，个人目的不能在协作行为中得到满足。这个媒介过程就是分配过程。……此外，在协作体系中还有其他两类行为是个人行为所没有的。一类是为了促进协作本身；另一类是为了维持协作体系，如制造一些只能在协作体系中应用

的东西，如一个人无法使用的大船，或为协作体系积存物资。”（P27）

这段阐述说得明白，个人为了突破环境的物的因素的限制，这是个人的直接目的，但是，通常为了达到这个直接的目的，个人会通过建立协作体系，且仅有建立了协作体系，才能先做一些事情，而先做的这些事情，就变成了间接目的，这是要由协作体系完成的间接目的，于是，这些目的不再是个人的，巴纳德的用词是“丧失了个人的性质”，变成了协作的行为。举个例子，个人想大量生产某种产品，但是个人做不到，于是个人建立一个协作体系，通过协作体系先去制造一个布满机器设备的生产流水线，那么，这里所有的机器设备、流水线的获得过程，全部都是派生的间接目的，这些间接目的是协作体系的目的，是非个人化的。制造流水线是为了将来达到大量生产产品的初始的直接目的，制造流水线的全部努力属于协作的努力。

还有一个重点就是，协作体系中的分配过程。既然所有的间接目的都是非个人化的，个人又有自己的目的，那么，怎么满足个人自己的目的呢？巴纳德借机提出了分配过程，这个活动，这一行为是个人做事的时候没有的，是协作体系特有的。我们简单理解分配过程就是，必须分配给个人某些东西、某些条件，也许是个人为了完成生产任务的工具，也许是维持个人生存所必需的一些东西，这样个人的目的也获得了一定的满足。

促进协作本身的行为，这里巴纳德近似地解释为固定资本用品，例如，各种工具、机器、建筑、大型的产地等，这些全部是单个人无法获得的，必须由协作体系才能获得的东西；维持协作体系的行为，巴纳德近似的解释为营运资本，也就是维持协作体系运转的必要的物资、资本。这两类行为，加上上面讲的分配过程的行为，全部是协作体系的产生所带来的行为，是个体行为没有的。

巴纳德这里的阐述还提醒我们，我们躺在各种协作体系的怀抱里，有时可能觉得自己的行为有着特殊的意义，然而，协作体系本身带给我们意识不到的很多支持，提供给我们条件。个人为了克服不能克服的限制，创造了协作体系，反过来，协作体系又使得个人可以做很多事情。此外，协作体系也是相互关联的，一个协作体系需要其他协作体系的支持，在一个复合的协作体系中，更是这样。举例来讲，一个在全球化公司任职高级经理人员的人才，当其自己创业或者去一家相对较小的公司任职的时候，很大概率不能够成功，因为在新的环境中，对于他本人的各种支持及对于组织的各种支持条件都不足。在一些地区做业务，没有上下游产业链的环境支持，通常也不会成功，都是同样的道理。巴纳德具体是这样表述的：

“我们常常没有认识到这点，因为绝大多数我们称之为简单协作体系的体系，事实上同大的复杂体系是相互关联的，而我们把这看成是理所当然的。也就是说我们认为的最简单的体系，常常由别的体系提供工具、训练和教育，准备了基础的条件或事先的条件，而它们本身就是协作的产物。除非协作高度发展了（把社会因素除外），协作一般不会有效。”（P28）

（3）环境的变化和协作过程的适应

我们已经知道，建立一个协作体系，产生协作过程的重要性。协作帮助我们克服了单个人的生物的限制，协作体系本身就是人类伟大的创造，协作能力的发展是人类社会发展的一个重要条件。但是，建立了协作体系就可以了吗？不是的，因为环境会发生变化，相应地，协作体系必须要有适应行为。

“环境条件经常改变着环境对协作行为的限制。在这方面，协作同个人一样受到限制。在这种情况下，要求于协作的调节不同于要求于个人的调节。要求于个人的是生理方面的调节，而要求于协作的调节是使各种不同类型的组织行为保持均衡。做出这种调节的能力也是一种限制

因素。从这一事实出发，协作体系要进行调节的过程，并建立专门维持协作的专职机构。因为，如果协作体系不能进行调节并克服环境中新的限制，它就必然会失败。这种调节过程就是管理过程，专职机构则是经理人员和经理人员的组织。于是，这种调节过程和机构就转而成为协作的限制，除了特殊的大变革，它们事实上是绝大多数协作体系，特别是复合协作体系的最重要的限制。”（P29）①

这是一段令人吃惊的文字。不由得使我想到，后来的组织理论继承者特别爱看了一堆文献就在词义上提炼，动不动就将巴纳德分到某个框框里，似乎巴纳德仅仅是将组织看作一个“封闭”系统，没有注重环境，没有注重组织与外部的交互作用等等。我甚至怀疑，那些美国的某些组织研究学者，根本没有仔细研读过巴纳德的原著。分类总是很容易的，但分类也是不容易的，某些分类容易误导后来者，使他们无法认识很多基础理论的本来面貌。超越时代的思想，深度的理论，无法用某种分类约束它们。巴纳德上面一段显然道出了环境的变化与协作体系的交互作用，这种阐述得再明白不过的影响机制，难道没有带给我们组织并不是一个封闭系统的有力的感知吗?

要求于协作的调节是使各种不同类型的组织行为保持均衡，这种调节过程就是管理过程，专职机构则是经理人员和经理人员的组织。这句话简洁地定义了管理，定义了管理活动的内容和范围，管理是一种调节活动，是一种协作体系中的调节活动，它使得各种不同类型的组织行为保持均衡，从而使得协作体系与环境保持一种动态的均衡。多么神奇的描述，通过协作体系的产生和特性，找到了管理活动存在的位置。

（4）目的的变更和协作过程的适应

---

① 这里对“组织行为”一词稍作解释，巴纳德英文用的是 organizational activities，不是 organizational behaviour，后者我们如今多翻译成组织行为。这是翻译的差异。巴纳德原文用词翻译成“组织活动”更为贴切。

环境的变化会促使协作体系产生适应性的行为，这只是一个角度，还可能协作体系本身会发生目的的变化，这就要讨论目的的变更和协作过程的适应了。

“不稳定性不仅来自物的环境的变化和协作体系内部调节和管理过程的不确定性，而且来自随着可能性的改变而来的行为目的的性质的变更。这点在前面讲个人目的的时候就讲过了。随着每一个新的限制的被克服（或者，相反的，随着每一次新的失败），都有新的目的被提出，旧的目的被放弃。……随着协作的发展，目的的数量和种类也跟着发展。目的的数量和种类的发展本身就成为协作中不稳定的一个因素，并且似乎随着协作的发展和日益复合化而愈益成为一个重要的因素。”（P29－30）

上面已经论述过，目的与确定限制因素有关，是什么因素限制了协作体系的发展？这显然和目的有关，目的是如此重要，我们不得不重视目的的变化，目的的变化也要求产生协作过程的适应行为。

关于目的的数量和种类的发展问题，巴纳德的提醒不知道与后来目标管理等理论的出现是否有关联，大的复合协作体系的目标，在数量和种类上出现复杂的趋势，已经成为了事实。需要注意的是，随着每一个限制被克服，都有新的目的被提出，旧的目的被抛弃，这段话的动态感觉很强烈，它提醒我们，当协作者在克服障碍的路上前进的时候，情景已经发生改变，改变目的随时可能发生。现代协作体系随着协作能力的发展，所能克服的限制越来越多，人们的目的已经不局限于到达地球的绝大多数位置，已经开始面向外太空的挑战，这种目的的变化显而易见。

我们再引用巴纳德一段原话，来结束对协作体系中物的和生物的要素的讨论：

“协作中的第一步是，要看到成为限制的个人的生物的特征是可以

通过协作来克服的。要做到这点，就必须认识个人的一些不同的能力或才能。通过直接协作来克服任何一种能力限制的可能性是有限的。这特别是由于各种能力是互相结合地使用的。当条件在某一方面对协作有利时，可能在其他方面不利。协作中行为的目的必然脱离开个人的目的，要求采取一种新的行动，即分配行动。协作行为的目的有好几种。它们是相互依存的。每一种行动交替地成为协作的限制条件。由于环境的变化和新目的的提出，协作体系永远不会稳定。协作的某些限制同个人的限制类似，但要加上协作内部性质特有的限制。最后，协作体系对变动条件或新目的的调节意味着要有专门的管理过程，而在复合协作体系中，这种专门机构就是经理人员或经理人员组织。”（P30）

2. 心理和社会因素

上面的讨论排除了心理因素和社会因素，协作体系近似等于一个机械组织，或者是由有机体组成的活动组织，下面将加上更为复杂的心理和社会因素。

（1）心理因素的意义

在讨论个人这个重要概念时，巴纳德提出过个人的重要特征是：活动和行为，它们产生于心理因素，再加上有限的选择能力，其结果是目的。人的行为产生于心理因素，心理因素是个人行为中物的因素、生物的因素和社会的因素的综合、合成物或余留物，就是说心理因素是其他各种因素综合作用的结果。由于协作体系中包含两个及以上的个人，则协作体系中必然包含人的心理因素。

个人心理因素是物的、生物的和社会的因素的综合或残余物，为什么出现这种奇怪的说法呢？巴纳德继续解释，“**个人是有记忆能力的。过去发生作用的各种因素，综合地影响到现在的行为。**”（P31）这里，记忆对人的行为发挥作用的过程就是一个关键的心理活动。巴纳德这句话告诉我们，人们记忆中的过去的各种因素，会对现在的心理活动产生影响，对现在的行为产生影响。所以，个人心理因素才是各种因素综合作用的“残余”。举例来讲，一个曾经在寒冷地带被冻伤过的人，可能就会排斥去极寒之地出差；曾经去过某个国家，不适应该国文化的员工，可能就不会去那个国家工作。反之同理，有过愉悦的体验，过去的物的、生物的或者社会的因素，带给人们好的记忆，有可能就会促进某种行为。中国有句谚语，“一朝被蛇咬，十年怕井绳。”就是类似的意思。

巴纳德还提到一个心理机制，“**个人有着有限的但重要的选择能力。选择能力所受到的限制是经验（记忆或过去的影响）以及在某一特定时间的环境中物的因素、生物因素和社会因素。这种选择能力赋予人的适应行为以某种意义，不同于单纯地对现有条件的反应。**”（P31）这段话的大体意思是，个人的选择能力受到经验的影响，以及外部环境中诸要素的影响。举例来看，一个人选择用某种方式干活，如果他干过很多类似的工作，他会根据自己的经验判断，他还会根据干活过程中会有哪些操作对象，干活的人是否掌握足够的技能，一起工作的几个人是否能和睦相处等，做出自己的选择。这种选择的过程包含了一个人的适应能力，根据不同情况做出不同选择的能力，由于人有记忆，有经验，这与单纯的类似蛙跳反射等刺激反射行为有所区别。

关于个人包含哪些心理活动，关于心理活动作用的机制，这个章节巴纳德没有介绍太多。他在《经理人员的职能》一书的最后，加了一个附录“日常事务中的心理”，那里有更多关于心理活动的分析，他谈到了逻辑的和非逻辑的心理活动，强调非逻辑心理过程的重要性，谈到了假设，谈到了心理反应等问题。这里需要指出一点，当前的组织行为研究，存在大量的心理学知识的应用，甚至某些研究完全是一个心理学的应用研究，几乎很少看到“组织与管理”的影子，这恐怕偏离了管理研究的方向。我们知道，无论是个人还是协作体系，都是一个包含了物的、生物的、心理的和社会的因素的综合作用系统，心理因素仅仅是一种因素，几种因素没有一个是可以或缺的，更何况作为调节作用的管理活动，恰恰是在各种因素之间获得均衡，在各种组织活动之间建立均衡。这里不是说心理学的理论不好，或者没有用处，完全不是，我们这里只想强调一点，它只有自己特殊的用处。组织理论不是仅仅建立在心理学之上的，心理学的知识只是素材之一，有些偏颇的理解认为，认识人的心理几乎是事情的全部，这种理解使我们看不到整体的情景。

回到我们这一部分的讨论，巴纳德讨论一点心理活动，解释一些心理机制，这是为什么呢？有什么用呢？看看下面的内容：

“个人要使别人认为他是有经验和选择能力的，就要在任何情况下使别人对他有以下两点评价：第一，个人在某种情况下的能力；第二，他个人能力范围内的决断力或意志力。……人际关系中的这两点评价以两种方式影响到人们的有目的的行为。一个人为了建立起同另一个人的恰当关系，可以采用两种方法。第一种方法是试图缩小第二个人做选择的限制范围，第二种方法是扩大第二个人做选择的机会。……这两点评价及其有关的方法表明，人在对待别人时，或者改变影响别人的因素，把他当成是被操纵的对象，或者是把他当成有欲望要满足的主体。”（P32）

这里需要一个补充解释，目前我们公认的心理活动有三大类，认知、情感和意志。巴纳德谈到的选择能力，从心理角度偏重于认知心理活动。无论是个人进行选择，还是协作体系对个人的选择能力进行评价，以及采用某种方法去影响个人的行为，显然都要对个人的心理有所了解。

上面提到了，影响一个人的行为，可以采用缩小其选择范围的方法，比如，协作体系希望某个人在 B 岗位工作，但是这个人自己还想到 A 或 C 岗位工作，现实中可以缩小其选择范围，将 A 和 C 岗位安排其他胜任的人，或者通过说服工作，告诉这个人 B 岗位的诸多好处，这就等于改变了这个人的思想状况。这种方式就是把这个人当作“被操纵的对象”，要注意，所谓被操纵的对象是中性的，它的意思不是出于不好的居心去蓄意操纵别人。很多时候，知识被不正当的利用，这是没有办法的事情，我们可能见到过很多蓄意操纵别人的行为，那些所谓的帝王之术会引起人们相互钩心斗角，制造紧张氛围让人们害怕，用反复洗脑的方式对别人进行输入，这些并非知识者的本意。

巴纳德上面一段话中还提到，影响一个人的行为，可以采用扩大其选择的机会的方式，比如，协作体系希望某位顾客购买自己的产品，顾客犹豫不定，现实中可以提供一些分期付款、增值服务等附加条件，或者提供另一款有特色的产品，这等于扩大了顾客做选择的机会。这种方式就是把人当成有欲望要满足的主体。再如，企业组织想要吸引某些人才，这些人才对工资待遇感觉很一般，企业此时也可以采用扩大其选择机会的做法，提供有吸引力的工作内容，灵活的工作时间，优先购买股票期权，等等，都是把人才看成是有需求要满足的主体。

（2）社会因素的意义

巴纳德讨论了五种社会因素的作用机制：协作体系中个人之间的相互作用；个人和集体之间的相互作用；作为协作体系影响对象的个人；社会目的和协作的有效性；个人动机和协作的能率。上面五个作用机制中，协作的有效性和能率两个问题，我们在解释能率的一篇文章中单独做出了解释，这里尽量精简一些篇幅，只解释前三个，但列出后两个以保证对理论认识的完整性。

第一，协作体系中个人之间的相互作用。巴纳德谈到，“**当个人参加了一个协作体系以后，他就处于一种同其他参加者接触的地位。这种接触必然产生个人之间的相互作用，它们是社会性的。它们可能并不是协作体系的或参加者个人的目的或目标，事实上常常也的确不是他们的目的。但是它们是不可避免的。因此，这些相互作用虽然并不是人们所**

追求的，但却是协作的后果，并成为协作中包含的一组社会因素。

这些因素作用于有关的个人，并同其他因素一起影响到他们的精神和情感。这种作用使得社会因素具有重要意义。于是，协作使得个人的动机发生原来不会有的变化。这些变化如果朝着有利于协作体系的方向发展，它们就成为协作体系的资源；如果它们朝着不利于协作体系的方向发展，它们就成为协作体系的障碍或限制。”（P33）

有关个人之间的相互作用，有很多例子。例如，一位自小生活在城市研究所环境的大学生应聘进入了一家工厂，该工厂员工基本是由当地城市郊区的村民组成，这位大学生很快就感觉到不适应，与身边的同事没什么可以聊的，爱好不同，语言表达方式不同，做事风格不同，无法与企业内任何人建立私人交往，无法合群、孤独感和不认同感使得这位大学生选择辞职。这是一个真实的例子，大学生的专业能力没问题，企业也需要，企业提供的待遇令人满意，唯一不能够相互适应的是行事风格。大学生觉得身边的同事有点“粗俗”，下班后喝酒、打牌，甚至相互排挤、背后对人指指点点；同样地，同事们认为大学生“清高”，觉得自己很了不起似的，对人爱答不理，一副冷漠孤傲的样子。这就是巴纳德说的，当个人参加了一个协作体系以后，他就处于一种同其他参加者接触的地位，不可避免，尽管个人参加协作体系的目的不是同其他参加者接触。还是上面例子中的同一个人，这位大学生后来去了一家研究机构，工资待遇不高，工作性质很普通，却很融入，与身边的同事相处极好，发展了个人之间的友谊，工作结果也令人满意，用其自己的话说，原因就是觉得身边的人很好。

这正是，世上本无事，人多了也便有了事。巴纳德的描述常常呼唤出我们的一些感受。一个人加盟了协作体系之后，必然会与他人产生相互作用，这种相互作用会对个人心理产生影响，这是管理中要考虑的问题。

“第二，协作体系中不但存在着个人之间的相互作用，而且存在着个人同集体之间的相互作用。……集体代表社会行为的一个体系，作为一个整体同集体中的每一个人相互作用。这个意义上的集体关系所包含的各种因素同其他因素联合起来对个人心理发生作用。这样，集体就迫使个人改变其原来不会改变的心理性格和动机。当这些改变的方向有利于协作体系时，集体就成为一种资源；而当它不利于协作体系时，集体就成为一种限制。”（P34）

举例来讲，一位专业技术人员被国有企业当作特殊人才聘用了，为的是某个高科技项目的启动，这位技术人员经历了几个月的适应期，才融入了国有企业的新氛围。刚开始的时候，这位技术人员产生了各种不合时宜的行为，当开会的时候，他没有注意谁应该坐什么位置，谁先发言谁后发言，发言的内容应该如何组织，在办公室走路的时候、出入电梯的时候谁应该先走，大家一起吃饭的时候如何敬酒，领导者客气打个招呼的时候应该如何应对，哪些话该和同事们说、哪些不该说。但是，过了半年之后，国有企业这个社会单位作为一个整体，逐渐对该技术人员产生了影响，改变了其心理性格和动机，他已经很好地适应各种局面。我们可以理解为这就是通常说的环境塑造人的例子，当一个协作体系对个人产生影响时，个人通常是渺小的、被动的、不得不做出改变的。

巴纳德说，当这些改变的方向有利于协作体系时，集体就成为一种资源；而当它不利于协作体系时，集体就成为一种限制。从上面的例子考虑，如果该技术人员改变心理状态，是不得已的适应，只能忍耐，内心却不认同，必须把很多精力放在调节自己的情绪上，这可能对其工作效果产生不利影响；如果该技术人员改变心理状态后，很适应，觉得那种人际环境很好，在国有企业大家庭中找到了一种次序感，这样一般会有利于他的工作。

某些个性很强、喜欢创造、坚持有所秉承的员工，也许能够和身边的人处得很好，却很难在某个体系内坚持较长时间，就是这种原因，因为他无法忍受体系不断对他产生的影响，他无法改变自己的心理状态，其人格和动机经常与体系相互冲突。假如保持个人的某些个性和创造性成就有某种关联，管理中则要仔细考虑这个问题。

“**第三，上面讨论的社会因素主要是作为无意识的和非逻辑的。这种场合的关系是非正式的，整个讲来不是有意的。但是，一个协作体系也可能有对个人的有意识的和有意的关系。这种关系有两个方面：第一个方面是采取特殊的行动把个人引导入协作体系之中。第二个方面是对体系中的个人的行动加以控制。第一个方面的中心点是直接对个人的意志发出呼吁，是引诱和强迫的问题。第二个方面完全是一个行为体系内部并作为其中一种职能对个人的关系。显然，这两个方面对个人的思想和感情的影响都是不可避免的。如果这些影响对协作体系的持续起着反作用，那么这个过程作为持续事业的协作体系来说，就成为一个限制。**”（P34－35）

上面第三点这一段的论述，提醒我们第一第二点所提到的是一种非正式的关系，可能是协作体系中个人与他人、个人与集体的一种自然的相互作用，而第三点，涉及协作体系中的某些正式的机制，这是有意识、有目的、正式的关系。这种正式的关系中，巴纳德谈到的第一个方面是采取特殊的行动，把个人引导入协作体系之中，那么，“特殊的行动”是什么呢？后面他有关正式组织的构成要素中谈到了协作的意愿问题，为了获得协作的意愿，组织必须为其成员提供诱因（激励因素），为协作体系的成员提供激励就是这个所谓的特殊的行动。巴纳德谈到的第二个方面是对体系中的个人的行动加以控制，如何进行控制呢？后面他有关正式组织的构成要素中提出了权威的问题，为了对组织成员的行为进行控制，就需要建立一个权威体系，协作体系通过权威对人们进行控制。有关诱因和权威，我们在后面会详细论述，这里不过多解释，此处，我们认识到协作体系需要通过诱因和权威与其成员建立一种正式的关系即可。

“**第四，正式的协作体系要求有一个目的，一个目标，这样一个目的本身就是协作的产物，并成为识别协作体系所采取行动的要素，是协作性的一种标志。**”（P35）这段话指出，协作体系的目的是协作体系的一种社会性因素。

“**第五，协作能率是个人能率的组合物，因为协作正是为了满足个人的动机而组成的。参加者的动机的总和就是协作体系的总动机。这个总动机是各个个人动机的复合物，其中的各个个人的动机在性质上可能很不相同。协作行为的能率就是这些个人动机满足的程度。这种能率的唯一决定因素就是个人，因为动机是个人的。**”（P36）这些话点明，协作组织中各个个人的动机是协作体系的一种社会因素。

至此，管理协作体系的物的、生物的、心理的和社会的四个因素解释完毕，这是对协作体系的一种解构性的分析。紧接着，他又开始论述协作行为的原则，协作体系的建立为的是产生协作行为。有关协作行为的原则，我们只引用他的一段论述，就不再过多解释。我们研读巴纳德的努力，集中于其相对较难理解的部分，并不是逐字逐句地重述巴纳德的所有语句。

巴纳德有关协作行为的原则，先提出了一点，“**当人们在必须处理某个因素时，往往会忽视这样一个事实，即所有的协作行为都是物的因素、生物因素、社会因素这些不同因素的综合体，并影响到具有全部这些因素的整个情景。**”（P38）

这段话是说，协作行为受到物的、生物的、心理的和社会的因素的综合影响，协作行为是这些因素的结果，协作行为是拥有这些因素的协作体系的产物，同时，协作行为一旦产生，又会对包含物的、生物的、心理的和社会的因素的协作体系产生影响。巴纳德的这个论述，给了我们一个部分与整体间相互关联影响的动态感觉，有时候我们认为无非是一件单一因素变化的事情，其实影响到了全部所有的因素。举个例子，一家公司决定开启一个新的业务，往往人们把很多的精力放在其投入产出之比上，业务会不会成功？能不能赚到钱？而现实是，进入新的业务，会带来物的、生物的、心理的和社会的这几种因素中的所有因素的变化。资金和资本品的投入，显然会带来物的变化；业务很可能对人们的体力产生了更高的要求，这是生物的变化；对于个人，可能由于不熟悉新的业务，或者沉浸于原有的业务，有可能产生畏惧心理、抗拒心理；新的业务团队与公司原有的业务部门可能产生冲突。这就是巴纳德所说的，协作行为产生于全部因素的体系，同时会对全部因素产生影响。

关于协作体系的论述，我们就研读到这里。这种多角度的剖析，我们最好试着了解一些物理学、生物学、心理学和社会学的基础知识，当然，人们在多学科方面的知识有深有浅，也不必被这些设置的前提吓到，而不敢去触碰他的理论，我们认识到，协作体系中技术力量、经济力量、心理和社会力量都同时存在并发挥某种作用即可。

为什么巴纳德组织理论有一种整合各个管理学派视角的作用呢？这不仅在于其研究结论，更在于其分析的过程，在他分析过程中，由于有可能性的空间、清楚的假设、严密的逻辑，以及与现实的结合，很多其他的管理知识自然就体现出其存在空间，这会激发我们创造性的思考。

对协作体系的分析，特别体现这一点。如果我们把协作体系看成一个纯粹物理和生物的存在，我们会发现管理科学、泰勒理论的有效空间，衍生了与技术伴随的管理活动的空间；如果我们又考虑到协作体系中包含着个人，个人存在着心理因素，那么，人际关系理论、梅奥强调的士气问题，就找到了实际的土壤；如果协作体系存在着社会因素，马克斯·韦伯宏大的社会视角立即显示了出来，梅奥提出的人际关系问题也处于这一领域。一个协作体系各种要素的存在、要素之间的相互关系、各种要素本身的动态变化、要素之间联系的变化，全部纳入巴纳德理论的解释之下。

下一章，我们进入最重要的、最神秘的、最难理解的“组织”。

第 4 章　组织

巴纳德著名的、美妙的、洞悉本质的“组织”的定义如下：

“**正式组织的定义是，两个以上的人自觉协作的活动或力量所组成的一个体系**。(The definition of a formal organization which is presented in this chapter is：A system of consciously coordinated activities or forces of two or more persons.)”（P81）考虑到语义的正确性，我们将巴纳德的英文原文摘录在括号中，以防止我们或者翻译者误导其本来含义。我愿意将之翻译为，正式组织是两个以上人的有意识的协作活动或力量组成的一个系统。

这个定义的特殊之处是什么呢？

我们可以看到，这个定义有个核心词汇——协作活动，巴纳德将协作活动视为组织的基本单元，最基础的要素。这里需要注意！巴纳德没有将“个人”视为组织的基本单元，没有将“个人”视为组织的基础要素。

我们可以这样进一步理解，组成组织的不是个人，是个人的协作活动。如果没有协作活动，个人是没有意义的。个人只有在提供协作活动的情况下，才能算是为组织提供了价值。不能简单地将若干个人组成的群体等同于组织，个人之间如果没有协作活动，那就不是组织，仅仅是人的集合体；两个及以上的个人的协作活动形成了组织。个人只是一般性的资源要素，对于组织来讲，从组织的角度进行评价，个人必须处于活动状态才有意义，没有处于活动状态的个人是无意义的。即使个人处于活动状态，对于组织来讲，也未必有意义，因为这种个人活动还必须是协作性质的，协作活动才有意义。因此，当且仅当两个及以上的个人产生了协作行为，才有了组织，如果这种协作相对持续而稳定，就形成了一个正式组织，正式组织就是由协作活动组成的系统。

如果将巴纳德的组织定义与之前这一领域的研究定义对比，我们就会发现，区分人与人的协作活动之间微妙而重要的差异，正是巴纳德的历史贡献。我们用个表格简单对比一下：

表 1　巴纳德对组织的定义与之前组织定义的对比

	巴纳德	巴纳德之前
组织的基本组成要素	人的协作活动	个人
组织的本质定义	协作活动的集合体	个人的集合体

将协作活动视为组织的基本组成单元，将帮助我们透视到很多现象的另一重意义，很多困惑我们的现象，似乎豁然开朗。

例如，我们常常观察到一些企业，拥有非常多的员工，却干不出什么令人满意的成就来，另一个相对人数较少的企业，却在各方面领先。为什么有些企业会大而不强呢？用巴纳德的组织定义进行透视，原因很简单，很多人没有提供协作活动，仅仅是很多人名义上存在于组织之中而已，并没有发挥出组织起来的力量，协作行为在质量和数量上都不足够。为什么会有这种现象呢？有的情况是，很多人不愿意提供协作活动，他们只愿意提供自己感兴趣或对自己有利的活动，而这些活动对组织是没有意义的，这使得协作无法产生；有的情况是很多人愿意提供协作活动，组织的条件却不允许，物理条件、生理条件、心理因素和社会性因素，都可能使得协作活动受到限制。

例如，有些企业力求吸引很多高素质的人才，却没有获得什么效果。一个人的能力高低，对企业很重要吗？能力高的人一定会对企业有所助益吗？用巴纳德组织的定义分析，很多情况下，一个人的能力高低与否并不重要，关键是其能否为组织提供协作活动，只要提供了所需的协作活动，这些协作活动恰恰正是企业需要的，这就足够了，人的能力高低、素质高低是次要的事情。曾经有的研究机构，为了追求高素质的员工，用博士毕业的人才去做实验室器材保管工作，结果很不理想，博士不愿意也做不好该项工作，没能提供企业所需的协作活动。

例如，有些企业特别强调员工的价值观和道德水平，用我们通俗的话来讲，就是希望使用的都是好人，希望所有人拥有共同的价值观，还有的管理者希望能够用量表工具测出员工的“好坏”。一个人的所谓好与坏，对组织很重要吗？借用巴纳德的组织定义去思考，这些做法在很多时候是很荒谬的事情。且不说价值观很难衡量，没有利益冲突，不在矛盾发生的时候，很难搞清楚一个人的价值观是什么。即使能够判断员工的价值观，在很多情况下，同样价值观的人可能提供不同的协作活动，不同价值观的人也可能提供同样的协作活动，组织需要的是协作活动，没有协作活动，空谈价值观是没有意义的。通过这种透视，我们起码知道有一些可能性存在，那就是在某些情况下，根本不必在意员工的价值观到底是什么，只要员工提供协作活动就行了，只要长期稳定提供组织需要的协作活动，就可以判断那是一位“好”员工。

例如，有些历来表现很优秀的员工，为企业完成过大量任务的员工，业绩很突出的员工，为什么有些情况下却表现不好呢？甚至工作中出现事故呢？当然，现实中造成表现差异的因素有很多很多。采用巴纳德的组织定义，我们可能发现原本并未考虑到的某些情况凸显出来。既然组成组织的是人的协作活动，不是简单意义上的人，那么，某个人的协作活动当然是时断时续的，一个人不可能永不休息地工作，当一个人下班了，他就暂时不提供协作活动，当一个人疲倦、厌倦了，也可能无法提供协作活动，一个人前一秒提供协作活动，下一秒未必一定能够提供协作活动。即使面对组织中的同一个人，他也不可能永远不停地提供协作活动。这对我们认识到组织对协作活动的持续性要求很有帮助，有些组织的协作活动不能中断，这要求对人的协作活动能力有所认识，对协作过程有所认识，否则，就会出现持续性无法满足的问题。

例如，有些研究者考虑到了企业的利益相关者问题，认为顾客、供应商、经销商、合作伙伴等对组织很重要，那么这些相关方算不算组织的成员呢？将此问题简化，我们只谈顾客，顾客算不算组织的成员呢？如果借助巴纳德对组织的定义，这些问题立即就不算问题。巴纳德说，顾客的购买活动是组织销售活动的一部分，这一句话就足够清楚了，组织需要的是协作活动，顾客提供了购买活动，与组织成员的销售活动进行了协作，于是顾客等于参与了协作活动，我们完全可以将顾客视为组织的成员。这对于理解组织的边界有巨大的帮助，不用给具体的人打上什么固定的标签，不用判断组织内部和外部环境之间有形的界限，只要判断谁是否提供协作活动即可。这对于理解我们通常意义上的市场也有帮助，在市场交易的过程中，我们往往忽视交易双方实际上也是一种协作关系，只不过我们长期以来把目光的重点盯在了利益冲突和存在敌意的讨价还价交易过程上。这种认识有助于我们分析虚拟组织、网络型组织、战略联盟、日本企业联盟等所谓新组织形态的本质，那都不是问题，只要盯着协作活动这一概念，很多事情立即清晰。

注意，下面用一段略显不严谨的话，来帮助我们理解巴纳德的理论。人多人少未必重要，人的能力高低未必重要，人好人坏未必重要，同一个人的差异化表现未必重要，对人进行标签化的分类未必重要，关键是这个人是否提供协作活动，因为只有协作活动是组织需要的，也是组成组织的基本单元。没有协作活动，个人不去提供协作活动，那么，其他的关于个人的一切特质都没有意义。

上一段强调那是略显不严谨的话，是为了帮助理解巴纳德理论的丰富可能性，每一种可能性都有其存在的前提。当一个企业明显缺人手的时候，拥有更多的员工当然重要；当一个企业缺乏特定的高素质人才的时候，吸引能力高的人当然重要；当企业缺乏认同，文化存在内在有害冲突的时候，找到符合价值观的人当然重要；当协作活动可以中断时，完全可以不必考虑协作活动的持续性；当零散短暂的顾客购买行为结束后，当然没必要总把顾客视为组织的成员。一切都是有前提条件的，有假设的，有其具体情境的。我们只是通过举例来说明，巴纳德对组织的定义，能够帮助我们认识到更深、更多的问题，而且他的定义也只是一种角度，一种经过仔细限定的角度。当我们得益于他理论的洞察力和透视感之后，当我们觉得需要“用”的时候，其用处之大，大到了我们自己甚至意识不到的地步。作为管理者，作为一个管理组织的领导者，我们的目光会超越整天盯着人、判断人好人坏、判断人的能力高低这些事情，还有更重要的事情。

再次回到巴纳德的定义。组织存在的意义就在于人们需要协作来克服单个人的局限，因此，协作活动是重要的，仅仅存在一般意义上的个人，是没有意义的。协作活动的本身就是组织，就是那个看不见、可感知、超越了单个人的非个人化的组织。协作活动，这个关键词太重要，因为是活动，于是便具备了动态的属性，在什么空间条件下，在哪些时间节点上，都成了思考具体事务的前提，这也使得组织具备了动态的属性。补充说明一句，巴纳德对组织的定义中有“活动或力量”两个词汇，我们一概只以“活动”为中心进行分析，活动与力量可以相互转化，二者分析其一即可。[①]

至此，我们上面的所有解释都是在说明巴纳德组织定义的特殊之处——对个人和人的协作活动做出区分。什么不是组织的定义呢？或者说我们通常认为某些内容是组织的定义，但还不够完善，不够本质，不够触及那个美妙的点。显然，人的集合体不是令巴纳德满意的对组织的定义，人的协作活动的集合体才是。理解到此处，我们就基本理解了巴纳德组织定义的核心。巴纳德还做出了一个区分，那就是前面他提到的协作体系。我们一般将“协作体系”当作组织，协作体系的定义包含了组织，但尚且存在一些“杂质”。

巴纳德谈道，“**协作体系是由两个以上的人为协作达到至少一个以上的目的，以特定体系的关系组成的，包括物的、生物的、人的、社会的构成要素的复合体。**”（P53）再次提起注意，这个协作体系的概念，不是指组织，组织是存在于其中的更本质的存在，类似于存在于我们周围环境中的各种“场”，是一个看不见的能量体。巴纳德继续谈到，“协作体系之中有一种叫作组织的体系，其中包括两个以上人的协作这句话。”

这就很明显了，对于某个企业组织而言，那些场地、机器、设备、人员、环境中的各种因素，统统不是巴纳德所指的核心概念——组织。那些只是协作体系，是协作体系中的物的、生物的、心理的和社会的各种要素，这些要素的相互作用产生了一个由人的协作活动组成的系统，这个独立的系统才是组织。当然，没有协作体系中各种物的、生物的、心理的和社会的要素，也就不可能产生组织，但是，这些要素只是产生组织的条件，不是组织本身，组织本身是人的协作活动，协作活动使得各种协作体系内的要素运动起来、产生意义。

① 巴纳德对组织的定义中，“活动”一词的英文是 activities，“力量”一词的英文是 forces。

这是一种手术刀般的剥离，巴纳德带引我们从资源层面向活动层面，向内在力量层面，前进了一大步。他是这样论述的，“**如果采用一个把物的环境、社会环境、人都排除在外，不作为其构成要素的定义……显然，按照这个定义，各种具体协作体系中同物的环境、社会环境、人、人对体系做贡献的基础等事物，都被作为外在的事实和因素了。**”（P59）

太奇怪了，居然把人排除在组织定义之外，居然把各种可见的事物都排除在组织之外，甚至把社会因素排除在组织之外，统统变成了组织的环境因素。但恰恰是这种排除，才剥洋葱似的找到了所有现象形态组织的内核，由人的协作活动组成的体系。太精彩了，给我们一种探宝的感觉，整个过程充满了美妙。太关键了，这个定义不能很好地理解，将无法理解巴纳德理论的精髓。

巴纳德对组织这一洞悉本质的定义，是一种对社会现象的解释，所有基础的研究主要集中于对事情做出解释，对事务的机理做出解释，这是下一步如何去做的重要基础。偏重于如何去做，做什么事能够完成什么任务，则是应用型研究。没有基础理论的代价就是，在我们根本不知道事情到底是怎么回事的时候，就去做了，依靠着一种本能和感觉，依靠着经验判断，依靠着热情和超乎寻常的投入，在很长一段时间内甚至一直成功，直到碰到事务内在规律的边界，被打回原形。没有基础理论带给我们的洞察，人们还是能做成一些事的，甚至很多事做得更快更好，只不过某些事、某些情况下，没有基础理论的支持，是不可能做成的。

在巴纳德之前，人类组织起码存在了上万年之久，然而，对于我们存在于其中的组织这个东西，对于司空见惯的各类组织，人们似乎没太在意要给它下一个定义。人们模糊地认为，不加怀疑地认为，组织就是由人组成的集合体，一个个的人组成了组织。严格意义上讲，巴纳德之前，没有人为组织下过严谨的定义。我们知道，马克斯・韦伯被视为组织理论之父，是他首先关注到组织，认为组织是实现社会统治的工具，组织成为一体必须要有权威，提出权威的三种类型、官僚制组织的若干特征，强调组织理性。[①] 这些是对组织的开创性研究，使我们认识到组织的重要性，认识到组织是维持社会运行的重要单元，但韦伯也没有为组织下一个正式的定义。从韦伯《经济与社会》著作中我们可以将组织大致理解为是一个社会单元，维持组织存在的是权威体系；巴纳德则认为组织是一个协作活动体系，信息的交流占据着组织存在条件的中心位置。

在巴纳德之后的组织研究，我们这里指的是对组织核心问题的研究——对组织的定义，再也没有看到进一步的发展。由于巴纳德是最早为组织下定义的人之一，1938 年之前他已经完成了思考，之后产生的定义，绝大多数还根本没有理解、没有体会到巴纳德讲了什么，或者说将巴纳德的认识与许多现象形态的问题混为一谈，造成我们现在对组织的理解混乱不堪之局面。我们只需要仔细阅读一下理查德・司格特《组织：理性、开放和自然的系统》[②]，玛丽・乔・海奇《组织理论：现代、符号和后现代的视角》等著作和论文，就清楚了，没有新的基础性理论，只有新的现象和零散的某些问题。组织是什么都定义不清楚，哪里有进一步的理论基础呢？

巴纳德之后，可能唯一能称得上发展组织理论的人是赫伯特・西蒙，他把巴纳德所讲的人的协作活动缩小为决策活动，发展了巴纳德的决策的环境、道德因素和随机应变因素理论。巴纳德对组织的分析着眼

---

① 马克斯・韦伯著，阎克文译，《经济与社会》[M]，上海，上海人民出版社，2010。韦伯这本书中讨论官僚制组织的内容，一般被认为是对组织理论早期的系统性论述。

② W. 理查德・斯格特著，黄洋等译，《组织理论：理性、自然和开放系统》[M]，北京，华夏出版社，2001。斯格特的著作是对现代组织理论内容的完整总结，他按照将组织视为不同性质系统的角度进行分类。

于协作活动或非协作活动，西蒙对组织的分析着眼于决策活动或非决策活动的分类。但是，稍微一思考，就能够判断，我们可以将组织视为一个决策系统，视为一个纵向分工的决策层级系统，但不可以说，组织中只存在决策活动，甚至很难说决策活动是组织中最重要的活动。相比较而言，我们可以说，组织就是一个协作活动系统，协作活动组成了组织。组织中不可能只有决策活动最重要，组织中不可能只包含决策活动。西蒙将决策视为管理本身，他的分析重点在于作为管理活动的决策是什么，他确实发展了组织理论，确实在决策这种特殊活动上有巨大的理论贡献，尽管如此，这显然不是对组织的整体分析，也不可能发展出一个对组织的新定义，这也是为什么西蒙提出“管理型组织”这一概念。

达夫特是《组织理论与设计》[①] 的作者，他在论文中曾提出“新的组织理论在哪里?”这是一个很好的发问，组织理论建于韦伯，发展于巴纳德，接续于西蒙，之后没有人接手，没有同等量级的人出现。如今组织理论领域基本上是包含诸多管理、社会、心理，甚至技术、工业工程的大杂烩。也许时间未到，信息、虚拟等新的事物不断涌现，未来会有更好的探索吧。

在巴纳德的所有理论论述中，组织的定义是其理论的灵魂，没有比这一定义再重要的内容，也没有比这一定义更难以理解的内容。巴纳德先对“个人”进行界定，然后描述“协作体系”，最终他提出了著名的、难以超越的“组织”的定义。组织是核心概念，对这个概念的理解关系到是否真的懂了巴纳德，甚至关系到组织理论这一视角、这一学派是否能够独立存在。从我的体会来讲，理解巴纳德组织的定义，仿佛

① 理查德·L. 达夫特著，王凤彬等译，《组织理论与设计》[M]，北京，清华大学出版社，2012。达夫特这本著作研究如何设计组织，而韦伯、巴纳德、西蒙等人的组织理论涉及对组织的本质认识，更为基础。

是一个坎，理解就突然理解了，不理解似乎就是不能理解。

下一章我们解释“能率”这个有意思的概念，尽管这个概念按照英文 efficiency，应该翻译成“效率”，然而，由于巴纳德的效率概念有很多不一样的内涵，因此，翻译版本翻译成“能率”，起到了很好的区别作用。

第 5 章 能率[①]

① 郭威，巴纳德组织理论解读：能率［J］，中国人力资源开发管理创新版，2013。该文2013 年发表于该杂志，本书在原文的基础上做出修改。

巴纳德提出的“能率”概念，可能是其理论中最有趣味的一点，搞清楚这个概念的含义，搞清楚巴纳德是怎么思考这个问题的，特别有助于我们建立系统思维，提升结构化考虑问题的能力。能率这个词就是效率，但正是因为巴纳德对效率的理解有其特殊之处，才用能率这个词替代。

理解巴纳德能率的含义，关键是要理解“未所追求的后果”。一切有目的的行动，无论结果达没达到目的，都会产生未所追求的后果，因此，必须考虑未所追求的后果，必须管理未所追求的后果。顺着这个思路，我们结合现实做几个问答：

问题1：企业的目的是利润最大化。

分析1：假如企业的利润最大化了，但未能承载使命——提供好的服务，怎么办?

问题2：企业的目的是提供好的服务。

分析2：假如企业提供了好的服务，但运行效率低，怎么办?

问题3：企业的目的是提供好的服务，并有良好的运行效率。

分析3：假如企业提供了好的服务，并高效率运行，但员工不能够获得满足，怎么办?

问题4：企业的目的是提供好的服务，并有良好的效率，且能够让员工满足。

分析4：企业的目的是提供好的服务，并有良好的效率，且能够让员工满足，但社会受损失，怎么办？

结论：企业的目的是提供好的服务，并有良好的效率，且能够让员工满足，还要承担应有的社会责任。

问答到了最后，也就是在巴纳德的能率框架推导下，我们得出了有关企业的一些结论，这些结论是什么呢？参看德鲁克在《管理：任务、责任和实践》这本著作中明确提出的，管理的三项任务：

第一，确立企业的目的和使命

第二，使生产有效率和使员工有成就

第三，承担社会责任①

这是一件令人惊奇的事情，巴纳德的能率框架，沿着未所追求的后果，如果针对企业组织进行反复思考，如果针对企业现实进行仔细分析，我们会推导出管理的任务。这是思维的力量。管理的三项任务乃德鲁克管理思想的核心，他的所有问题几乎都是围绕着三项任务展开的，而且至今为止，我们仿佛找不出管理还有什么别的任务。看来，两人的思考殊途同归。德鲁克依靠惊人的对现实的敏感性，总结出了管理的核心任务；而巴纳德的思路尽管与现实体验有关，但他的强大在于思维力量，他的理论超越历史，超越现实，类似于哲学思考般的洞察力，加上手术刀般精准严密的逻辑推导，直接击中最底层的事务和概念。他的理论思想包含企业组织，但不局限于企业组织，适用于各类组织。他通过建立一个思考方式，甚至可以帮助人们自己完成理论推导。我们还是回到原点，看看巴纳德到底是怎么建立这一概念框架的。

---

① 彼得·F. 德鲁克著，孙耀君等译，《管理：任务、责任与实践》[M]，北京，中国社会科学出版社，1987。有关管理的任务具体内容，参见第一部任务中第四章管理的各方面。

简化来讲，巴纳德认为协作体系的能率同个人动机的满足有关，在协作体系中，在人的行为交互作用过程中，如果一个人的某些动机得到了满足，那么就是有能率的，如果动机都得不到满足，就是无能率的。

1. 未所追求到的后果

人都会产生动机，动机与目的有关系，动机常被描述为对目的的追求，“**由需求、推动力、欲望（动机）引起的行为达到所追求的目的并消除紧张。有时却并不能达到目的。但它们总会产生其他一些未所追求的后果。**”（P16）

这句话提出了“未所追求的后果”，就是说任何有目的的行为，都会产生未所预料到的后果，无论原先所追求的目的达到没有，未所追求的后果是不可避免的。比如，一个企业为所有员工普调了工资，普调工资的目的是增加人们的满意度，不管这一目的达到与否，都会有未所追求的后果。可能是短期内支出增加，引起企业现金流紧张；可能是引发了竞争对手的相应行动，也大幅提高工资把一些人才挖走了；还可能是员工收入增加后，拿着这些钱去享受，反而不愿意工作了等等。一个单独的行为能够产生数不清的后果，很多是未所追求的、不想要的、没有预料到的。再如，某个企业希望上市在股票市场融一笔资金，想法非常好，目的明确，当上市成功以后，目的达到，可一大堆未所追求的后果也伴随出现。可能是手握股权的创业者抛售股票换取现金，提前退休不干了；公司被外界关注的更多，媒体、消费者组织、政府相关部门经常来拜访，干扰公司正常运行；需要投入大量精力来应对各种符合上市公司要求的文件等等。

任何一个理智行为之前，行动者都会努力考虑各种后果，但永远无法穷尽，面对未来的各种可能性，未所预料到的后果难以避免，必然产生未所追求的后果。巴纳德将所有未所追求的后果分为两类，一类是其影响力微不足道，可以忽略不计，另一类则是有影响的，无法忽略不计。

2. 人的行为中的有效性和能率

巴纳德使用的“有效性”概念并不特殊，与我们管理学的“效果”一个含义，指的是结果与目的一致，这个概念不必再解释。但他提出的“能率”概念拓展了我们的认识。管理学经常讲，过程、手段需要效率，以达到某个结果，效率和效果是两个核心问题，理解了巴纳德的思路后，我们就会发现这种认识多少有些狭窄，几乎将组织等同为一个技术经济过程，抽象掉很多不能忽略的组织现实。

巴纳德写道，“**当达到了某一个追求的目的，我们就讲那项行为是有效的。如果这项行为没有追求的后果比追求的目的更为重要而且是消极的，那么那项行为虽然是有效的，却是无能率的。当没有追求的后果是不重要的或微不足道的，那项行为就是有能率的。……如果那项行为达到了目的而又没产生抵消的消极后果，我们就讲它是有能率的，不论它是不是有效的。如果一项行为没有使动机得到满足，或者产生了消极的后果，那么即使它是有效的，我们也认为它是无能率的。**”（P16－17）

这段论述有点绕，将人的有目的的行为分为了四种结果，结合巴纳德将能率问题等同于人的动机满足，得出四种情况，通过现实例子来说明：

结果1：有效果，有能率。结果达到目的，同时未所追求的结果影响微小，或者产生了一个未所追求的好的结果。举例来讲，一个人想要得到高薪，结果他得到了，这是有效果的，可未所追求的结果是加班有点多，但这些加班对这个人影响很小，这是有能率的。还有一种情形，一个人想要高薪，且得到了，这是有效果的，未所预料的结果是上班很轻松、有很多假期、环境氛围好，这对他影响很大，但这些都是好的影响，都是未所追求的积极的结果，这也是有能率的。

结果2：有效果，无能率。结果达到目的，但同时未所追求的结果影响很大，而且这种结果是消极的。举例来讲，一个人想要换个岗位工作，结果他换成了岗位，这是有效果的，可未所追求的结果是新的岗位有很多新的技能要求，这些要求他无法达到，工作起来十分困难，或者是新岗位的人事关系复杂，没法适应，这都是无能率的。尽管他实现了目的，达到了效果，却是无能率的。巴纳德说，当我们发现我们并不需要原来认为需要的事物时，就经常发生这种情况。比如，一个人自小梦寐以求地想当大领导，奋斗了大半生，达到了目的，可是过程中某些因素让他感觉很负面，可能是当的领导越大被各种事务纠缠越多，可能觉得曲高和寡，可能一切不是他当初设想的那样，这就是发现并不需要原来认为需要的事物，有效果，无能率。

结果3：无效果，有能率。结果未达到目的，但未所追求的结果产生了很大的积极影响。这种情况就是巴纳德说的，“有时所追求的目的没有达到，而未所追求的后果却满足了一些愿望或动机，这些愿望或动机并不是那项行为的原因。我们就把那项行为看成是有能率的，但却并不是有效果的。在评价那项行为的价值时，不是根据所追求的后果，而是根据未所追求的后果。这是人们经常看到的事。”这里需要注意初始动机和过程中产生的新的动机的区别。人产生动机，希望达到某个目的，结果目的没有达成，但在过程中有其他收获，满足了他那个初始动机之外的其他动机，有当初未所追求的好的结果影响。例如，某个工程项目承接单位，在施工中发生事故，项目拖期，给委托方带来损失，对于工程项目承担方这没有达到目的，然而，由于事故后承担方积极弥补、态度真诚、主动承担责任，双方团队处理事故过程中建立了深入的认识，委托方反而更认同承接方，主动提出增加工程合同、长期合作。这就是无效果，有能率。

结果4：无效果，无能率。结果未达到目的，同时未所追求的结果影响很大，而且这种结果是消极的。这是最负面的一种情况。比如，某造船厂追逐一个船东订单，为了承接订单投入了大量前期公关、销售等商务活动，进行了先期的技术准备和设备投入，资金消耗很大，结果却没有拿下订单。没接到订单，无效果，投入过大造成损失，无能率。假如因此还打击了相关人员的士气，队伍感到失望导致人心涣散，这也是无能率，未所追求的后果产生很大的负面影响，就会造成无能率。

3. 协作体系的能率

上面谈到的是人的行为中的能率，在此基础上，巴纳德将能率问题与协作体系联系起来，这一联系使问题导向组织的视角。还是再次提起注意，巴纳德对现象形态的组织——协作体系，与作为本质形态的组织有所区别，此处并不予以区分，这不影响对能率的认识。我们再看看巴纳德的进一步论述。

他谈道，“**协作体系的能率同个人动机的满足有关。协作体系的能率是协作体系成员的能率的总和，是从他们的观点来看的。如果成员个人认为他所做的事能够满足他的动机，他就会继续他的协作性努力，否则的话，他就不干了。……如果他认为他的贡献是有能率的，他就会继续提供服务。所以，一个协作体系的能率就是它为成员个人提供满足以维持体系的能力。这可以叫作它对为了存续而提供个人满足的各种负担进行平衡的能力。**”（P47）这里面，能率是从成员的角度来看，很关键，个人动机满足与否关系到他是否愿意为协作体系做贡献，于是协作体系必须具备一种平衡能力，保证能够提供给成员他们需要的东西。那么这种平衡能力是什么呢?

巴纳德讲道，“**能率或者平衡可以通过以下两种方法得到：或者改**

变成员个人的动机（或找到动机的恰当替代者），这是作用于社会因素方面；或者把生产成果分配给成员个人。这些生产成果或者是物的，或者是社会的，或者是两者都有。有些成员需要物质利益方面的满足，有的成员需要社会利益方面的满足。绝大多数成员则以不同的比例需要这两个方面的满足。”（P47－48）这时候说明获得能率平衡的两种选择，可以通过改变人的想法获得，输入一些理念，帮助人们产生崇高的理想追求，极端不好的情况则是洗脑；还可以通过给予人们他们想要的东西获得，西蒙的说法就是组织提供给人们“条件”，用于交换人们的“贡献”，结果是条件与贡献的均衡。①

通过将能率概念引导入协作体系中，并通过强调协作体系的能率主要是个人动机的满足，告诉我们，尽管维持能率平衡是协作体系的事情，但能率是否达到平衡则是个人判断的问题，我们必须兼顾组织与人的两种视角。尤其在能率问题上，要从人的角度看待。“**对个人来说，能率就是交换的满足。因此，协作过程也包含着满足的交换过程。从这个观点来看，协作过程只不过是交换过程，即分配过程。单独地来看，我们习惯于把分配过程看成是不具有直接生产意义的交换过程（股票、商品等），但它成为有能率的协作的基础。**”（P48）理解巴纳德特别要小心他每句话前面的设定，他是在什么角度、以什么对象和什么观点基础上看问题的，他不会胡乱地讨论事情。

有个问题需要注意。通常讲，效率是产业社会的法则，对于运作体系的效率这个关键性的概念，我们现在理解为投入产出比的问题，为什么巴纳德没有提及？他忽视了这个问题吗？

---

① 赫伯特·A. 西蒙著，詹正茂译，《管理行为》［M］，北京，机械工业出版社，2004。有关条件与贡献的均衡，参见此书。

4. 通常的产业环境中效率问题的地位

巴纳德谈道，“**协作性努力所受到的限制意味着即使是有能率的协作体系所供应的物质利益和社会利益也是有限的。因此，从生产性的观点来看，能率不仅取决于生产什么和生产多少，还取决于给予每个做贡献的成员个人什么和给予多少。**”（P48）这就是说组织受到资源的约束，为了满足成员的需求，我们不可能想分配什么就分配什么，可以分配的东西是有限的，而可以分配的东西必然受到生产能力的影响，生产能力低下，创造不出足够的产出，可分配的资源也就少，这里面隐含了效率问题。他的补充解释就更明白了，“**在绝大多数组织活动中，能率这个词只用于协作的很有限的部门和方面，大都把个人动机排除在外。他们没有看到，从最终结果来看，能率同个人动机是有关的。我们将从后面这种更广义的观点来考虑问题。**”（P47）我们或许可以这样理解，巴纳德认为别人谈效率太多了，主要是与生产有关的事务，他不再多谈。他要强调的是动机，他说能率与个人动机有关，没有说完全就是动机的问题。

巴纳德的视野更加宽广，更偏重于将组织看作是“人的组织”，他不大谈及产业界常用的效率问题。他指出，“**正是这种意义上的能率，而不是物质生产意义上的能率，维持着组织的生命力。在很多很有力并持续存在的组织中，生产意义上的能率完全没有什么意义。因为他们并不从事物质生产。教会、爱国团体、科学团体、戏剧和音乐组织就是这类例子。物质诱因的初始流程是向这些组织流去，而不是从它们流出。**”（P75）对投入产出比意义上的效率问题，对之前泰勒带来效率革命的科学管理理论，巴纳德没有谈论很多，只是在“专门化的基础和种类”一章里有所涉及，在那里他讨论了专业化的种类和分工问题。

5. 心理因素和社会因素

协作体系中存在着心理因素和社会因素，能率主要是有关心理因素和社会因素的事务，尽管针对能率的任何实际活动都会包含物质因素。巴纳德的组织理论体系中，目的是一个重要概念，它与效果相联系；动机也是一个重要概念，它与能率相互联系。我们再来静静品味他的几句话：

巴纳德指出，目的是不同组织间的区别性基因，“**正式的协作体系要求有一个目的，一个目标。这样一个目的本身就是协作的产物，并成为识别协作体系所采取行动的要素，是协作性的一种标志。清楚地识别协作性努力的目的同个人目的之间的区别是重要的。**”（P35）

巴纳德继续谈道，“**目的实现程度的恰当性由协作体系的观点来确定，而同个人的观点无关。由此可见，协作中个人努力的有效性有两种意义。第一种是从协作成果同这种具体努力的关系来看的。这种意义是由协作的观点来判断的，看这种具体努力对实现协作目的的影响。第二种意义认为，这种具体努力是个人对协作体系所做的一系列努力中的一种，是满足个人目的的一种手段。**”（P35）他引导我们思考，个体行为对整体协作有什么意义？对个体有什么意义？

“在讲到能率问题时，情况完全不同了。协作能率是个人能率的组合物，因为协作正是为了满足个人的动机而组成的。……各个个人动机在性质上可能很不相同。协作行为的能率就是这些个人动机的满足程度。这种能率的唯一决定因素就是个人，因为动机是个人的。”（P36）巴纳德提醒我们注意，个人关注的是个人动机的满足。

巴纳德还明确指出个人动机与协作之间的关系，**“协作经常改变着人们的动机，而作为能率因素的动机又改变着协作本身。”**（P37）

“个人参加协作的愿望，对个人来说是一种心理的事实，对协作体系来说是一种社会的事实。反过来，由协作产生的满足，对个人来说，是心理的事实，对协作体系来说是协作的社会效果。这种社会效果决定着协作本身。”（P37）巴纳德指出一个过程的两个角度，对个人是心理，对协作体系是社会。

至此，能率概念解释完毕，组织的能率是它提供足够数量的有效诱因以维持系统平衡。组织需要成员的贡献，为此组织必须向成员提供“诱因”，诱因包含物质诱因和非物质诱因两种，后面巴纳德还会详细介绍诱因的问题。

回顾巴纳德能率概念，不得不使我想到安德鲁斯对巴纳德的评价，“他的伟大来自他的抽象思考能力，来自他把理论应用于职业经验的本领，来自他对实践的敏感性和经验。在同时应用理论和实践这两种能力并发展这两者的综合能力方面，我认为没有人能够超过他。”① 安德鲁斯说得太好了，什么人能同时拥有理论能力和实践能力呢？只能是拥有思想的人，思考者，思维力量强大的人，而且这样的人还要熟悉现实中的事务，对组织有“感觉”。不局限于理论的教条，同时也不会陷入实

① C. I. 巴纳德著，孙耀君等译，《经理人员的职能》［M］，北京，中国社会科学出版社，1997。安德鲁斯对巴纳德的这段评价，写于他为巴纳德著作30周年版导言中。

践的经验之谈。在巴纳德的理论思维面前，我经常会感觉到自己的幼稚、思路简单。冷静想想这很正常，在做一个挑战者之前，在莫名其妙的自尊阻碍前进时，我们需要掂量掂量，巴纳德1906年就进入哈佛大学学习了，1927年成为新泽西贝尔电话的总裁，1938年即发表传世之作《经理人员的职能》，1961年他去世。

巴纳德就是这样，当我们弥漫在他的概念体系抽象思考的迷雾中时，有时会下意识地质疑，这是干什么呢？有什么用？我该如何做呢？产生这样的问题时，巴纳德的思想总是在我们特别努力地思考后，才能帮到我们。他指出改变成员个人动机和给成员分配生产成果，两种方法获得能率平衡，突然之间，那些企业文化、理念、价值观、目标、目标体系、培训、领导力，那些分配法则、分配机制、诱因、激励、工资福利待遇、奖励、荣誉、身份、地位等概念，及其代表的一系列活动，仿佛变得与什么都联系起来了，散落各地的概念有了一个稳定安全的母体，一种整体感产生。能率分析框架对众多颇显繁乱的管理学概念的整合能力显示出一种力量，指引组织理论爱好者避免深陷泥潭般的概念丛林。

而对于那些苦苦探索在实践道路上的实干家，哪怕稍微问自己一句，这样做，未所追求的后果是什么？恐怕也会扩展我们略显单薄的思维。有些实干家在单一思维的笼罩下获得短期表面的成功后，就走上难以自拔的不归路。例如，我们都很同意这样的观点，要“先生存，后发展，生存都不能，谈不上发展。”仿佛没什么问题，无懈可击的一句话。确实，这句话在某个时空条件下有用，可在更多的情境下会毁了很多企业人。先拼命挣钱，到什么时候是个节点呢？眼看他起高楼，眼看他楼塌了，这种令人遗憾的现象还少吗。我们可以看到，尽管非常多的企业已经具备基本的存活条件，他还是走在拼命挣钱、毫无积累的模式上，不去建立持续存在的核心能力，不去深化专业，不去吸纳有能力的人分享更大利益，不去找志同道合者面向未来，不去呵护已经被过度开采的客户，不去收拾带给周围环境的烂摊子。就像曾经饱受饥饿的人，即使吃饱了，还在收集食品、不停地吃。这是贪婪？恐惧？还是没有借助理论思维的力量导致思考问题简单化？先生存，后发展，可否不再线性地简单理解这句话呢？我们在哪些领域哪些时候，可以边生存边发展呢？我们可不可以做一些事情，短期可以见利见效，长期具有战略意义呢？巴纳德的思维突破了简单的二元分析，他总能将矛盾在一个更广阔、更深度的空间中化解，这几乎是实务者最稀有、最需要建立的能力。

当人们将他的论述视为艰深晦涩的理论之时，巴纳德说，这就是本书所讲的人在社会中的“故事”。巴纳德的思路一秒都没有离开现实，一秒都没有离开理论，在他那里仿佛没有什么理论与现实之分。

至此，我们已经理解到，什么是个人？什么是协作体系？什么是组织？我们还对能率有了认识。那么，如果我们要去管理一个组织，我们管理组织的什么呢？这就要进入组织管理三要素——组织存在的三个充要条件——共同的目标、协作的意愿、信息的交流。其中，还包含了权威问题。

第 6 章　共同的目标

一个组织的目的是什么？一旦涉及目的、目标这样的问题，事情就需要仔细想一想，但往往越想越没有头绪。目的是什么？这难道不是一个哲学命题吗？个人目的与组织目的，短期目的与长期目的，企业、政府与非营利组织各自的目的有什么区别？浅层的思路这时帮不上什么忙，假如我们这样思考下去，目的带给我们的那种飘忽不定的感觉会更强烈。

在进入巴纳德阐述组织目的之前，先看看对于企业这种经济组织，我们通常认为其目的是“利润最大化”，关于此，德鲁克有过精彩论述：

“利润并不是企业行为和企业决定的说明、原因或存在的理由，而是对其有效性的一种考验。……利润动机及由此衍生的利润最大化，对于我们理解一个企业的职能、一个企业的目的，以及对一个企业的管理工作，都是毫无关系的……它会造成害处。

为了了解什么是一个企业，我们必须从企业的目的开始。企业的目的必须在企业本身之外。事实上，企业的目的必须在社会之中，因为工商企业是社会的一种器官。企业的目的只有一个适当的定义：创造顾客。市场不是由上帝、大自然和各种经济力量所创造，而是由工商人士创造的。……直到工商业人士把这种潜在的需要变成实际的需求以前，它始终只是一种潜在的需要。只有在把它变成实际的需求以后，才会出现顾客和市场。……企业的活动创造出顾客。"①

德鲁克在上面的第一段表达很清楚，他不认同企业的目的是利润最大化，他不认为利润是企业存在的理由。

为什么企业的目的并非利润呢？德鲁克对目的是什么进行了剖析，他的意思是企业本身是社会的一个器官，发挥着某种功能，那么，目的不能由企业自己定义，要由社会对其进行定义，社会中为什么存在着企业，这是决定一个机构目的的主要力量。而企业的工商人士通过自身的活动，创造出顾客，这是目的。我们可以理解为，企业是为了顾客而存在的，利润无非是企业自己的想法而已，对于社会来讲，对于顾客来讲，他们不是为了企业获得利润而存在的，相反，企业是因顾客而存在的。德鲁克下面的语言就更清楚了。

"决定什么是一个企业的是顾客。只有为一种商品或一种服务付款的顾客才能使经济资源转化成财富，使物件转化成商品。企业本身打算生产些什么东西并不具有十分重要的意义——特别是对企业的未来和企业的成功来讲，并不十分重要。……顾客想要买的是什么，他认为有价值的是什么，这才是有决定意义的——它决定着什么是一个企业，它生产些什么，它是否会兴盛起来。……顾客是一个企业的基础并使它能继续存在。只有顾客才能提供就业。正是为了满足顾客的要求和需要，社会才把物质生产资源托付给工商企业。"

上面引用并略微分析了德鲁克阐释的企业目的，同时，我们再看看巴纳德的一段话，这段话隐蔽地藏在了他《经理人员的职能》"诱因的经济"一章的注释中，并没有放在讨论组织目的问题的章节中，很容易被忽视掉。他谈道，**"产业组织的目的不是利润，尽管实业家、经济**

① 彼得·F. 德鲁克著，孙耀君等译，《管理：任务、责任与实践》[M]，北京，中国社会科学出版社，1987。有关德鲁克企业目的的论述，对利润的看法，见该书第六章什么是一个企业。

学家、牧师、政治家、工会都坚持这种错误的看法。为了满足所有者或投资者的动机，向他们提供诱因，就必须有利润。所有者或投资者的贡献是为其他贡献者提供诱因所必需的。获得利润的可能性及其实现，在一定程度上是某些经济情况所必需的。因为有了利润才能持续地提供诱因。但所有组织的客观目的都不是利润而是服务。实业家中最强调这一点的是福特先生，还有一些公益组织也强调这一点。”（P122）

巴纳德谈到过经济组织的目的问题，他有关于利润的认识，但这不是巴纳德最重要和精妙的理论，他的认识更为本质。顺便说一句，巴纳德提到了福特先生，这是一种良心的体现，福特自传中明确提出，企业的目的就是服务，这种对问题的表述清晰明了。下面有关组织的目的，组织的目标，或者称为共同的目标，我们直奔巴纳德最难理解的几段文字，这几段文字有一种渐进的关系，必须字斟句酌，慢慢品味，细细思考，我们来看看他更为本质深邃的认识。

1. 认识共同目的的基础

“除了要同别人联合这样一种模糊的感觉或愿望以外，必须有一个协作的目的，协作意愿才能发展起来。如果没有这样一个目的，就无法知道或预测要求于个人的是怎样的具体努力，在许多情况下也无法知道有些什么样的满足可以提供给个人。我们把这样一种目的叫作一个组织的目的。”（P69）

先想想上面这段的第一句话，这里谈到，人有一种与别人联合的感觉。这句话很有意思，我们是不是可以这样想？一个人为什么要参加一个协作体系呢？为什么会与协作体系发生联系呢？会不会我们愿意协作，就是为了能与别人在一起呢？参与一个组织当中，能够与别人发生联系，这种情况下，发生协作行为本身就是目的。这是一种特殊情况，一种模糊的愿望，无法判断其影响力的大小，但是，有这样一种情况。举个例子，一位长期不工作，在家又没有很多事情可做的人，也许其加盟一个组织的目的就是要进入一个组织，与别人发生联系，在这种情况下，对这样一个人，似乎组织的具体目的是什么并不重要。

对此稍作思考之后，我们还是跟着巴纳德指引的思路走。他说的是必须有一个协作的目的，人们才愿意协作，进而才可能知道提供什么样的具体协作行为，还可据此判断提供协作对于个人能够有些什么回报。这里，我们需要注意两点，一个是巴纳德此处谈的目的，不是单个人的目的，是协作的目的，是组织的目的。另外，共同的目标和协作的意愿，它们是联系在一起的，组织管理三要素中的两个，在这段阐述中是相互关联、互为条件、同时发生的。

“参加组织的每一个人可以被看成是具有双重人格：一个组织人格和一个个人人格。严格说来，一项组织目的对个人来说并没有直接的意义。对他有意义的是组织同他的关系：组织加给他的负担和给予他的利益。在讲到从协作观点来看的目的时，我们指的是个人的组织人格。”（P71）

巴纳德上面这段区分组织人格与个人人格的论述，精确地引导出组织目的与个人目的这二者的区别。组织中单个人的组织人格，显然是受组织目标影响的，是组织目标的引导；其个人人格，则是受其个人目的影响，是个人目标的引导，这时一个人在乎的是其付出和所得的关系。在协作的角度来看目的，与之相联系的是一个人的组织人格。这种区分帮助我们注意一件事，不要把个人目的和组织目的混为一谈，不要把个人人格和组织人格混淆在一起。

一个人在组织中具备双重人格，这对于有丰富经历的职业人来说，会逐渐意识到这种状态的存在，尤其是在个人目标和组织目标相冲突的时候，尤其是组织人格和个人人格不一致的时候。

例如，一位职业经理人接到了总部的命令，裁员30%，这时，这位职业经理人有可能清楚地意识到，这是一个公司的指令，是从组织角度发出的，应该执行。更进一步，他可能分析到，公司效益不好，本部门效益不好，工作量不足，这是裁员的合理性原因。通过这样一个组织人格发生作用的过程，这位经理人会采取执行命令的决定。但还有其他的可能性，这位经理人也可能从他自己的角度考虑很多事情，从他的个人人格来讲，他可能考虑到，裁员30%之后，这个部门太小，没必要单独存在，他不希望这样，于是他准备申诉，不执行命令。他还可能这样考虑，本部门的员工辛辛苦苦为单位工作多年，大家有感情，裁掉他们很不人道，这些人的生计怎么办，于是，他想办法不执行命令，等等，会有很多从他个人出发的想法。还有一种可能性，这位经理人员进行了创造，他创造了一个新的业务机会，可以吸纳被解雇的人员，同时这个业务与公司整体发展一致，且投入不大，他想法做成新的业务、保留了雇员，此时，组织目标和个人目标同时达到。再如，一位教师发现，他所教的专业课程大纲非常局限，不利于学生的成长，他甚至认为，现有的教学体系简直是扼杀年轻的人才，他希望更加开阔灵活地教课，希望引领学生们去读一些好的书籍，此时，我们会发现，组织要求的教学内容和形式，与其个人的判断相冲突，在一个人的职业生涯中、组织环境中，会经常遇到这种双重人格要求不一致的时候。

"当把目的看成是一种协作行为的时候，它近似于一种独立观察者从一种特殊的观察立场、组织利益的立场来观察。它主要由组织的知识来决定，但由个人来加以解释。"（P69）

上面两句话快要接近对组织目的做出性质判断了，它指出了看待组织目的的角度，那是一种从组织的角度看问题的立场，一种独立的、特殊的立场。我喜欢巴纳德看待组织的视角，不是那种仿佛置身度外、高高在上、远离现场的宏大的社会视角，也不是置身其中、就事论事、只重实用的实践视角。他就是始终与组织在一起，忽远忽近、若即若离、随需而动地伴随着组织。

2. 共同目的的性质

“个人动机必然是内在的、个人的、主观的事物。共同目的必然是外在的、非个人的、客观的事物，尽管个人对它的解释是主观的。”（P71）

巴纳德阐述的组织目的是一句凝练的经典，是对共同的目标的本质理解。我们可以浓缩为一句话，共同的目标是客观的，尽管对它的解释是主观的。这句话就那么简单的一行字，只是理解起来就要费劲了，解释这句话的时候，我们还感觉到了语言的苍白无力，用例子解释觉得多余，不解释好像又不好理解，借用巴纳德的语言，必须有对组织的“感觉”才行。

为什么说共同目的是外在的？他的意思是，一个组织的共同目的，是由外在力量影响和决定的。

为什么说共同目的是非个人的？他的意思是，共同目的不是个人的目的，个人动机驱动下的目的是个人的事情，是其主观的意愿，而组织的共同目的，超越了单个人的意愿。更进一步讲，共同目的也不是组织成员所有人意愿和目的的总和，还要考虑组织的外在影响因素，组织存在于环境之中，组织因为环境的需要而存在。

为什么说，共同目的是客观的？正是因为组织是超越单个人的存在，是组织与外部环境相互作用的产物，即非个人的、外部的，那么，组织就是一种客观存在，无论组织中的单个人有什么意愿，组织必然受到不同的人有不同的意愿以及外部环境对组织的要求之影响，因此，组织的存在是客观的，受客观条件制约，其目的必然是客观的。

为什么说，个人对共同目的的解释是主观的？这句话有神龙摆尾的效果。是的，无论目的是否客观，在具体的任何一个组织现实之中，任何一个组织情境中，任何一个人只能做出其自己的认识和判断，他自己判断的组织的目的。任何一个组织的全体成员共同的判断也是如此，组织成员达成一致，表达出了共同目的，这也仅仅是这些成员的认识而已，与外部力量的认识是否一致，很难判断，或者需要时间和事实才能做出近似检验。

他告诉我们，要这样理解共同目的：组织共同目的在那里，无论你意识到与否，它都存在着。我们可以去寻找它，但没人确保找到的、阐述出来的、表达出来的，一定就是组织的目的，一定就是那个客观存在的目的，一定就是客观的目的。但是，我们越是抱着非个人的、外在的、客观的态度去寻找，越会接近。在特定的现实中，共同目的还要由某个人或某些人来表达，这意味着，对共同目的的解释是主观的。没有办法，任何人都只能主观地感受这个客观的世界，也正是因为此，意识到共同目的的客观性，才能使我们不那么主观，才能去接近一个组织的共同目的。

对巴纳德论述共同目的的深入理解，可能是这样的，我们设想一个组织的边界，组织与外部环境互动，在互动的界面上产生目的，这是共同目的，是组织目的。这个组织目的，是组织的存在价值。这个目的存在，存在于组织与环境的互动之中，同时它又虚无缥缈，难以完全确定下来。我们设想的组织边界有时若有若无，我们设想的环境会时而清晰时而模糊，如果有了共同目标，组织及其环境都更清晰起来了，更具体可见了。组织，目的，环境，是一组相互联系的动态因素。

此时，我们回到本文开篇介绍的，德鲁克对企业目的的论述。他指出了将企业的目的定义为利润最大化的局限，他的定义是，企业的目的是创造顾客。德鲁克与巴纳德的理解很接近，接近到了只有一点点区别的地步。是的，利润最大化谁都想，这是企业人的主观意愿，是某个人或某些人的想法，但，对不起，那只是某些人单方面的想法，顾客同意不同意？顾客作为客观约束存在，如果再扩大一点，竞争者、合作伙伴、相关政府部门，所有的外部力量都作为约束条件存在，也就是企业的目的在企业之外，决定于企业之外，企业的目的是客观的。

大师级人物的理解殊途同归，所见略同，令人佩服，下面做一个仅仅从组织理论角度的分析。巴纳德的理论语言似乎更精确，更纯粹，更凝练，更本质，更美，更可靠，更无懈可击。德鲁克的语言则更具象，更易懂，更悲天悯人，更聚焦于企业这一种类型的组织，更接近于实践。或许，这就是组织研究，管理研究，一切研究中最迷人最美妙的部分吧——找到那一点点细微而有意义的区别。

巴纳德认为，共同目的是客观的，尽管对它的解释是主观的。

德鲁克认为，企业的目的是创造顾客，尽管个人有利润最大化动机。

我们换个角度试想一下，企业的目的是利润最大化，一定有问题吗？我们可以设想一个场景，若干企业在一个非常残酷的市场环境中，规则不健全，顾客不成熟，竞争对手手段凶狠，很多参与者会不择手段，投资者强势要求利润。简单讲，在一个恶劣的环境中，会不会企业将自身在某个阶段的目的定义为利润最大化是恰当的？我们确实见到过市场中几乎所有竞争者都将利润最大化作为目的，就是为了自己生存，自己赚钱，自己利益最大，这种状态似乎也存在。我们遇到过从长远考虑，愿意为顾客多带去利益，希望公平有序竞争，努力推动建立良好秩序的企业，却倒在半路的例子。在某一时期，是否就该是利润最大化作为企业目的呢？如果这一考虑有道理，那么，德鲁克的论述似乎有点偏重伦理属性，相对来讲，巴纳德只是说，共同的目标是客观的，尽管对它的解释是主观的。巴纳德的理论也许更为精确，毕竟研究者发现的是底层规律。

管理学、组织理论有一些基础理论，这种基础理论安全、可靠、精确，给人以巨大的启发思考，建议在这个层面上去理解巴纳德。那些过于接近应用型的理论，无法经受时间的考验，无法经受现实多样性、鲜活性的完整考验，只能算作有限情景的参考性经验，这些都不是巴纳德考虑的范畴。我们可以感知到巴纳德，他思考过，我因世界而存在？还是，世界因我而存在？

3. 共同目的的动态变化

“**组织一旦成立以后，就会改变他们的统一的目的。组织试图使自己永远存在。在它们努力使自己存在下去的过程中，就可能改变它们存在的理由。**”（P72）

就这么一小段文字，我们又得琢磨了。巴纳德此处告诉我们，共同目的会变化。此部分可以理解为共同目的的时间感，随着时间的推移，共同目的是变化的。

我们可以这样设想，组织会采用适应性行为，为了存在下去，为了持续存在下去，当环境的客观要求映射过来的时候，由于肯定会有因素发生变化，目的也会发生变化。如果我们把组织、环境因素无限细分，按照微积分的状态去理解，组织随时会发生细微的变化，环境随时会发生细微的变化，那么显然，组织的共同的目的，也必然会随时发生细微的变化。所有的一切变化，对于具体的某个企业，对于具体的某个情景，是否有意义，无非是人们是否察觉到了变化并对变化的意义做出何种判断的问题。归根到底，变化是永恒的，一个组织的共同目的会发生变化。

沿着巴纳德基础理论的思路，一些派生的认知会立即闪现，这帮助我们考虑到，一个组织想要持续存在下去，需要探测性地感知到变化，并据此调整企业的共同目的；不能根据变化调整目的，不能适应性地改变自己存在的理由，结果可能就是组织的衰退，甚至瓦解。

当我们观察那些存在时间较长的企业时，我们会发现，很多企业坚持自己的某些理念、坚持走自己的路，那么，这些企业发现永恒存在的理由了吗？同时，当我们观察这样一批存在时间较长的企业时，也会发现其变化，有时是整个组织存在价值的巨大变化，那么，这些企业丧失了自己的理念了吗？当我们思考这些问题时，需要想起巴纳德的话——在它们努力使自己存在下去的过程中，就可能改变它们存在的理由。

举例来讲，2003 年左右，华为公司和阿里巴巴的业务都进入了 to C 领域，直面终端消费者。在此之前，任正非将华为公司定义为一家电信运营设备供应商，公司的业务是 to B 业务，是为相对数量有限的机构客户提供设备。阿里巴巴也是如此，之前集中于 to B 业务，专注于为商家提供一个交易平台。两家公司可以说在业务性质上做出了巨大的转变，他们改变了自己存在的理由，改变了目标。之后的十多年发展，两家公司都获得了很大增长。如果放在更长的时期和更广大的空间，我们无法判断类似华为进入手机市场和阿里巴巴进入终端个人消费者的电商业务是否正确。但我们可以观察到组织目的的变化，组织为了持续存在下去所做的努力。

另外一个例子，结局可能有点残酷，那就是亨利·福特所创办的福特公司由盛及衰的故事。1908 年，福特发明了 T 型车，性能可靠，结构简练，黑色，由此福特放弃掉研发其他一切车型的努力，聚焦于 T 型车。同时，福特发明了大规模流水作业模式，大幅提高了汽车产能，使得汽车价格迅速下降，并聘用销售天才霍金斯，建立了庞大的销售网络，实现了大规模生产和大规模销售的结合。福特公司取得了非凡的成就，在中低价位市场实现绝对统治，T型车自1908年到1927年的19年间，实现了1500万辆的销量奇迹。在福特的鼎盛时期，通用等汽车公司只能暂避锋芒，通用总裁斯隆曾经说到，在那个时代，谁要是和福特先生在他建立的规则下竞争，无异于自杀，除非美国财政部支持。但汽车市场逐渐发生了变化，消费者对汽车多样化的需求来临了。为了不断降低价格，为了汽车进入普通人家，福特固执地只允许公司生产T型车，终于在20世纪20年代后期，福特公司被通用汽车公司超越，从此再也没能夺回汽车业第一的宝座。斯隆领导下的通用汽车，借助于杜兰特收购的多种汽车品牌的基础，采用了一系列创新行动，提出年度车型计划、开发二手车市场、增加消费贷款业务、生产带封闭车身的新车型、建立起与经销商合作的分销模式、利用旗下的雪佛兰品牌争夺T型车市场，并采用基于协调控制的分权管理模式，增加公司的柔性，彻底击败了福特汽车。或许放在更广泛的视角下，我们还是要感谢福特先生的努力，如果不是他那么执着地降低汽车价格以使普通人家可以消费得起汽车，就不会有公路体系、汽车市场的繁荣发展。回过头去看历史总是很简单，此处不去评价某个人和组织的功过是非。我们确实看到，有些组织为了坚持自己的想法，拒绝做出改变，于是它削弱了自己的存在价值，面临重大危机。

至此，我们对组织目的、组织共同的目标，这个问题的“解剖学”意义上的内容，基本讨论完毕。我们知道，共同目的是人们进行协作的一个必要条件；共同目的与组织中个人的组织人格相关；共同目的，即组织共同的目标是客观的，尽管对它的解释是主观的；共同目的会发生变化，人们为了使组织存续下去，会改变组织的存在理由。所有这些，都是对组织目的最基础、本质的认识。

作为管理者，当然要去管理组织的共同的目标，为组织设置共同的目标是经理人员的职责之一。我们如果去管理目的，我们该做些什么?

该如何做？共同目的与我们具体的管理行为，有哪些关联？下面我们挑选出几个与共同目的有关联的管理问题，巴纳德对此也有一些讨论。

第一个问题是组织目的与决策。

“不管决策的时机和证据如何，显然决策是经常要做的。决策环境的性质怎样？……这些由两个部分组成：（1）目的；（2）物的领域，社会领域，当时的外界事物，各种力量和各种情况。包括目的在内的所有这些构成了决策的客观环境，但这两部分在性质和起源上是根本不同的。决策的职能是调节这两部分的关系。调节的方法是，或者改变目的，或者改变环境。

“……我们先讨论目的。把目的包含在客观环境之中似乎有点奇怪……的确如此，在制定新的目的时，已有的目的，作为一个在以前条件下作的以前决策的结果，却是一个客观事实，因而现在要作为制定新目的的一个要素。

“……组织决策同个人目的无关，而同组织目的有关。有关组织决策的目的可能作为一种客观事实提供给负责制定新决策的人，并由他作为客观事实来接受。不管这个目的是怎样决定的，在作新决策时，它是一个已决定的事实；它的决定是过去的事；正如一个观察者所观察到的别人的感情一样，它也是客观事实。”（P153）

这几段文字很有趣味，道出了组织目的和决策之间的关系。他说目的是制定决策的一个环境，这是有意思的地方。我们可以这样理解：假如您要制定一个新的决策，不单单考虑决策时组织面临的环境，还要考虑已经制定的组织的目的。例如，某个企业年初制定了一个目的，这个目的是全年实现销售收入增长 50%，然而随着环境变化，市场转差，企业在年中又制定新的目标，新的目标是守住全年销售与去年持平。按照这个例子，巴纳德提醒我们，不仅是企业的市场环境、企业的经营状态等，做出新的决策的环境因素，还有已经制定的目的也是一个重要因这两段文字包含了丰富的内容，把目的具体化、详细化，或者称为目标的分解，与专门化联系起来，巧妙地将组织的静态构成、组织的动态过程与组织目标联系了起来，有醍醐灌顶的效用。

在巴纳德看来，分工、专门化和职能化，这三个词是同一现象的三种不同说法，角度不同而已。按照巴纳德愿意从人、人的组织角度考虑问题，他使用了专门化这个术语。那么，专门化与组织目的有什么关系呢？上面两段话清楚地说明了这种关系。

专门化首要的问题就是对目的进行分析，把一般目的进行分解，分解为中间目的或者详细目的。举例来讲，一个企业如果要实现专门化，我们暂且理解为，需要让企业中不同的人从事不同的专业化的事情，谁负责设计产品？谁负责生产产品？谁负责卖出产品？要确定这些事，得搞清楚企业的一般目标是什么，并对之进行分解。假如某企业的一般目的是为现有客户开发一种新产品，以增加对现有客户的服务，并实现更多的销售收入。下一步就要对这个目的进行分解，分解为中间目的，中间目的可以有若干，比如，需要设计出这种新产品的图纸，需要为新产品的批量生产准备生产条件，需要与现有客户沟通为未来的销售做准备，还可能需要针对这项业务融资，以及雇用新的人手完成这些新的任务，所有这些中间目的实际上是完成最终目的的手段。这种分解对于企业的专门化起到了引领的作用，目的具体化了，企业才能专门化地建立职能以完成这些任务。

上面巴纳德的第二段内容，更精妙化了。他指出了一个重要问题，分工本身伴随着协调行为，分工不只是将大的任务分解为小的任务，在分的同时就决定了如何合在一起；专门化本身伴随着协调行为，这意味着专门化不仅是确定哪个部门、哪些人做哪些专门的事情，同时还意味着不同专业的事情如何整合到一起，如何实现不同专业的协作。

巴纳德认为将协作的目的进行分解之后，组织才可以实现协作，即组织的不同部分才能与具体的分解之后的目的挂钩，组织的实际进程才能在具体分解后的目标的指引下实现协作。还是引用上面的例子，该企业要为现有顾客开发一种新产品，这件大事、这个大目标，要不断细分、分解，分解为类似三个月之内设计部门确定设计方案和图纸，生产部门四个月之内完成生产准备并完成样品试制，销售部门在产品上市前就要完成多少订单，等等，这样的每一个具体目标还可以细分。有了上面的目标分解过程，目标分解为具体任务的过程，专门化的协调工作也就可以同时确立起来，可以达到谁什么时间做什么事的状态，由此，协调的过程得以实现。

巴纳德利用这段论述，展示了一个时空概念，立体的、具体的时空概念，一个组织的目标经过分解为子目标、子子目标，这些子目标代表了具体的任务、具体的工作，它们是完成最终大目标的手段。对目标的这样一种时空意义上的处理，与组织的专门化工作结合起来，实现组织的协调，一种在目标指引下的协调，一种空间上有具体存在、时间上有结果要求的协调。组织作为一个分工协作体系在目标的指引下前进。

下面还有两段话，我们不做解释了，它补充我们对目标的认识，补充我们对于如何管理目标的认识：

“经理人员的第三项职能是制定组织的目的与目标……与其说目标是由文字制定的，不如说是由实际行动的总体来制定的。但是，实际行动的总体是关于目的和环境的决策的结果，是逐渐地接近具体的行为。……努力体系的所有贡献者都必须接受目的。目的要分解为各个部分、各项具体目的；不仅要在时间上按循序渐进的协作序列分解为各项详细目的和详细行动，而且要同时地按各个单位组织内在的专门化（地区的、社会的、职能的专门化）来分解。经理人员的这项职能比其他职能更明显地表示出，是整个管理组织制定、再确定、分解和决定着无数同时进行的和循序渐进的行动——这些行动构成目的或行为的综合

之流。"（P181）

"目的的制定和规定是一项广泛地分配给许多人的职能，其中只有一般目的的制定部分是经理人员的职能。这一事实正是协作体系运营中最重要的内在困难——必须把一般目的，即主要决策灌输给下层人员，使他们能团结起来，能够做出协调一致的基层具体决策；同时要使上层人员经常了解往往同经理人员隔离开的基层贡献者的具体情况和特殊决策。在作有关目的的决策时，如果没有这种上下一贯的协调，一般决策和一般目的只不过是在组织真空里的头脑中的过程，同现实之间隔着误解之墙。制定和再确定主要目的的职能需要敏锐的信息交流体系，做了说明的经验，想象力和职责的授权。"（P183）

最后，由于理解目的、目标是一个极为重要的部分，我们再引用德鲁克的一些论述，以帮助理解巴纳德的基础理论。在企业管理领域，德鲁克是目标管理理论的提出者和发展者，他在其著作《管理：任务、责任和实践》一书第八章目标的力量和宗旨中，提出了关于企业应该设定哪些目标的阐述。

"有关企业及其宗旨和使命的基本定义必须转化成各种目标。否则，它们仍旧是永远不会产生成果的构想、良好的愿望和漂亮的警句。……

"各项目标对于我们的企业来说是什么，它将会是什么，它应该由什么引导出来。它们不是一种抽象，而是行动的承诺，借以实现企业的使命；它们也是一种用以衡量工作成绩的标准。换句话说，目标是企业的基本战略。

"目标必须是作业性的，即必须能够转化为具体的小目标和具体的而工作安排。目标必须能够成为工作和工作成就的基础和激励。

"在有关企业生存的各个领域都需要有目标。……一个企业首先必须能够创造出顾客。因此，需要市场营销的目标。企业必须能创新，否则，它的竞争者就将使它成为落伍者。因此需要有创新的目标。所有的企业都依赖于经济学家的生产三要素，即人力资源、资本资源和物质资源。……这些资源必须富有活力地加以利用；而且如果企业要生存下去，必须提高这些资源的生产率。因此，需要有生产率的目标。企业生存于社会和社区之中，因而必须承担其社会责任，至少要承担它对环境产生的影响的责任。因而需要有企业在社会方面的各项目标。最后，还要有利润——否则，没有一项目标可以达到……

“因此，必须在八个关键领域中制定目标：市场营销、创新、人员组织、财务资源、物质资源、生产率、社会责任、利润要求。”①

与战略管理领域的安德鲁斯一样，德鲁克肯定是巴纳德的知音。不再对德鲁克的阐述做过多解释，只提一点注意，德鲁克讨论的是企业的目的是什么？应该设定哪些目标？这些是他目标管理理论体系的内容。其与巴纳德论述的目标问题有所区别，第一个区别是巴纳德的论述包含了一切现象形态的组织，当然也包括企业组织；第二个区别是，巴纳德的精力集中在基础的理论，他讨论组织为什么要有共同的目标？组织的目的是什么？其性质是什么？相比之下，德鲁克更多的精力放在了企业要制定哪些具体的目标？如何管理这些目标？

组织存在下去的三个充要条件之一，共同的目标，阐释完毕，下面我们进入另一个，协作的意愿。

① 彼得·F. 德鲁克著，孙耀君等译，《管理：任务、责任与实践》[M]，北京，中国社会科学出版社，1987。有关企业如何设定目标，设定什么目标，德鲁克在第八章目标的力量和宗旨中有详细阐述。后来很多对目标管理的误解，甚至将目标管理曲解为考核评价工具，可能源于没有理解德鲁克的本义。

第 7 章　协作的意愿

素，已经制定的目的，在制定新的决策时，需要作为客观条件来考虑。过去的目的是一个环境因素，这句话，我们可以从两个角度来理解。如果从企业整体的发展来考虑，过去50%的增长目标，显然是过于乐观估计市场的结果，如果继续按照那个目标的牵引配置资源、展开行动，企业可能遭受巨大损失，因此，此时将过去的目标仅仅看作一个环境因素而已，它不是什么神圣不可侵犯、不可改变的事务。如果从过去目标确立起来后的影响来考虑，其确实也是一个客观的存在，所有人都在沿着那个目标前进，对于企业当事人来讲，那么容易改变吗？是的，很多决策者不敢、不愿、不能做出新的决策，原因就是过去的目标在那里，已经确立的目标被大家知晓后，那是一个承诺，代表了很多隐含的意义。按照上面的例子，如果企业年中调整了目标，即实现全年销售额与去年持平即可，那么，很可能是市场情况太差，人尽皆知，无法达到过去的目标了，只能调整，否则，企业是不会轻易调整目标的，调整目标可能打击士气、某些领导者可能觉得下不来台、经营者可能被追责等等，过去的目标作为一个客观存在，必须考虑它。在需要制定新的目的前提下，过去的目的才变成一个环境因素。

第二个问题是组织目的与专门化。

“专门化的首要方面是目的的分析，即把一般目的分解为中间目的或详细目的（它们是实现远期目的的手段）”（P105）

“专门化所包含的协调是组织的一项职能。这项职能是使个人的努力同整个协作情况的各项条件相适应，以便实现协作目的。达到这种适应的途径是：（1）把协作目的分析为部分目的或详细目的。按恰当的顺序实现了这些部分目的或详细目的，就可以实现最终目的。（2）把整个情况分析为各个部分。通过组织行为可以把这些部分同详细目的具体地协调起来。当这些详细目的实现以后，就成为实现最终目的的手段。”（P108－109）

协作的意愿，与共同的目标、信息的交流并列，都是一个组织存在的必要条件，我们可以称为组织管理三要素。讨论协作的意愿，当然我们必须定位在一个整体组织理论框架之下，它是一个组织存在的基本条件之一。另外，协作的意愿又与诱因的问题紧密接合。协作的意愿所讨论的内容，与后来的需求研究、激励理论有很大的关联。巴纳德在论述的时候，有时候用协作的意愿这个词汇，有时候用贡献的意愿一词，对于组织来讲，贡献就意味着提供协作活动。

1. 协作意愿与什么有关?

“组织的活力在于其成员贡献力量的意愿。这种意愿要求有共同目的能够实现的信念。如果在进行过程中发现信念不能实现，这种信念就会降到零点。这样有效性就不存在，做贡献的意愿也就消失了。做贡献意愿的持续还取决于成员个人在实现目的过程中所获得的满足。如果这种满足不能超过个人所做的牺牲，这种意愿就会消失，组织就没有能率。如果个人的满足超过其牺牲，做贡献的意愿就会持续下去，组织就有能率。”（P66）

这段话巴纳德将协作意愿与两件事关联，一个是组织的共同目标，另一个是个人所获得的满足。二者归根到底都要依靠个人的判断，因为即使是组织的目标，如果一个人判断其不能实现，也会使协作意愿难于产生。这个论述使得共同目标和协作意愿产生了联系。

人们如果没有共同目的能够实现的信念，例如，一位员工发现他部门的目标是用一个月干完全年的活，他觉得这不可能，他的协作意愿会降低；再如，销售团队发现，上面压下来的硬任务是卖出完全超越销售能力的产品数量，是不可理喻的要求，团队的贡献意愿也会降低，甚至完全消失。这提醒我们一件事，荒谬的组织目标会影响人们做贡献的意愿，但是，即使人们没有了组织目标会实现的信念，就一定没有协作行为了吗?

未必，这就与另一个因素，个人所获得的满足有关。个人如果感觉到，某些方面获得了满足，并大于其为组织的付出，也会产生贡献的意愿。例如，销售人员判断组织的销售目标太高，根本完不成，这会使得目标本身无法增加其工作动力，但是，也许他能拿到很高的工资，也许他在销售团队中感觉到受重视，此时，即使他跑客户很辛苦，他仍然有一部分动力去工作。

当然，个人如果既没有共同目的能够实现的信念，又不能在实现目的的过程中获得满足，就会彻底丧失掉协作意愿。很多时候，我们看到一个衰弱、僵化的企业，还有一丝丝活力，可能是组织目标还有一点点吸引力，又或者是毕竟还能提供给个人一些满足；我们看到一个充满活力的组织，可能是组织目标带给人们能够完成它、愿意完成它的信念，或者个人觉得能够获得某方面的满足。

弗鲁姆1964年在《工作与激励》一书中提出的公式，激励力 = 期望值 × 效价，与巴纳德这段话的意思贴合，此处期望值就是人们判断目标可以实现的程度，效价就是个人需要被满足的程度。然而，巴纳德毕竟是巴纳德，放在他组织系统中的论述，会有别样的价值。

2. 协作意愿的特点

“对某一具体的正式组织的贡献意愿的显著特点是，个人意愿的强度存在着极大的差异。如果按照贡献意愿的强度对一个组织可能的贡献者加以排列的话，其等级将为：从强烈的贡献意愿逐步下降到没有贡献意愿，再下降到强烈的不愿意、反对或憎恨。现代社会的大多数人对任何一个现存的或可能成立的组织总是处于否定的立场。可能的贡献者中只有一小部分有着积极的贡献意愿。”（P68）

这段话先是描述了一个现象，人们的贡献意愿之间存在着差异，有的意愿强烈，有的几乎没有，还有反向的协作意愿，这意味着如果组织不能激发其成员的贡献意愿，那么，不仅维持组织的力量会减弱，还可能瓦解组织的力量，因为有反对和憎恨的存在。我们观察一下身边的各式各样的组织，确实有某种同感，经常只有那么一小部分人有贡献意愿，大部分人都怎么了？认识到人们的贡献意愿存在差异，认识到还有反向的力量，这起码可以提醒我们，不是所有人都愿意做贡献的，不是所有人都愿意协作的，尽管组织中有很多人，但愿意产生协作行为的未必多。

“几乎同样重要的另一个特点是，任何个人的贡献意愿的强度都不可能维持不变。它必然是连续的和变动的。”（P68）

这告诉了我们一个可能性，由于个人的贡献意愿会发生改变，拥有很强贡献意愿的人可能变得没有意愿了，而没有贡献意愿的人也许变得有了贡献意愿，那么，管理者当然可以做一些事情，我们只要找到了影响因素和机制，就可以进行调节。

我们再看看巴纳德的一段话，**“协作意愿首先是诱因同相关的牺牲相比较的净结果；其次是同其他机会提供的实际可以得到的净满足相比较的结果。如果从逻辑上来考虑，需要决定的问题首先是，进行协作是否比独立行动对个人更为有利。如果更为有利，那么要考虑的问题是，目前的协作机会比其他协作机会所提供的利益是更大还是更小。”**（P69）

这段话是放在个人的角度思考的，也就是说对于组织中的个人，其如何产生协作意愿，他要考虑自己的所得与付出之间的差值，即巴纳德所说的净结果。最简单的道理是，如果一个人觉得组织带给他的是负价值，他的净结果是负的，所得不能弥补付出的代价，个人就没有协作意愿。举例来讲，如果一个工人干很多又脏又苦又高危的工作，得到的工资不高，还不够身体损害看病的钱，他就不会有贡献意愿，不愿意干。

更进一步讲，个人还会比较，其参加一个组织的协作所带来的收益，与参加另外一个组织协作所得的收益的差值，这是机会成本的概念，个人倾向于选择净满足高的。举例来讲，一个工人在一个班组和另一个班组干同样的活，但是工资高低却不一样，他就会选择工资高的地方。一个工人在工厂里的收入，还抵不上回家自己干个小买卖，他就不愿意在工厂里干。

巴纳德继续谈道，**“从个人的观点来看，协作意愿是个人愿望同厌恶的综合结果；从组织的观点来看，它是所提供的客观诱因同承受的负担的综合结果。而这个净结果的衡量则完全是个人和主观的。因此，组**

织依存于个人的动机和满足个人的诱因。”（P69）

巴纳德从个人角度简单朴素地分析着，个人会衡量自己的所得，然后他换了一个角度，换到了组织的角度，组织要为个人提供客观的诱因，由此会产生负担。突然，巴纳德奔向了主题，他的意思是，无论组织提供多少，无论组织获得多少，无论组织相对于个人多么的强大，无论组织是怎样的，这些价值的衡量完全是个人的和主观的，也就是说，组织能否获得协作的意愿，完全由个人做出判断，进而，他的结论是组织的存在，要依赖于个人的动机，要依赖于组织能够为个人提供的诱因。

这意味着，组织必须想方设法去满足个人的动机，组织满足个人动机的首要手段是提供诱因。这段论述的最终结论告诉我们，贡献意愿是支持组织存在下去的一个重要因素，而要想获得贡献的意愿，组织必须提供诱因以使个人获得满足。我认为，由于不能透彻地理解其意义，会有无数人对这句话无动于衷。现实中会看到，那么多活生生的例子，企业绞尽脑汁地想在员工身上减少投入、节省开支，全然不顾自身存在下去有赖于员工动机的满足这一基本规律，全然不顾提供的诱因不足就无法满足员工的动机这一基本规律。现实中我们甚至会看到，管理的重点根本就不往这个角度思考的例子，企业会千方百计强调实现组织目标的意义，一而再再而三地将组织本身的发展和利润作为重点，冷漠草率或充满心机地处理协作意愿这一组织要素。

再次强调一遍，在巴纳德的整个组织理论体系框架内，协作意愿是组织存在的必要条件之一。这意味着，去满足员工的动机，必须要提供诱因，而提供诱因，不是花言巧语的敷衍，不是挖空心思的算计，不是小策略。协作意愿是组织存在的重要基础之一。

尤其是对那些总把组织重要性反复强调，对员工却不肯付出的企业。在那样的企业里，没有人能够大于组织，这句话已经说烂了，这句话当然有合理性。但如果是打着某个名义，不想、不愿为员工提供利益；或者总觉得组织整体在第一位，组织成员的利益在第二位，永远去减少员工的利益以增加组织的收益，所有抱着类似思路的企业，都应该好好考虑一下，不给员工提供足够的诱因，就很难获得协作的意愿，协作的意愿本身就是组织的基础要素。失去了组织成员协作的意愿，组织就会弱化、瓦解、崩溃。

在结束本文内容之前，我们再强调一下重点，为什么协作的意愿可以成为组织的基本要素？

巴纳德说，“**按定义来说，没有人就没有组织。但是，正如我们强调指出过的，构成组织的应该是人的服务、行动、行为或影响，而不是人。那就很明显，人们贡献努力的意愿是协作体系不可缺少的。**”（P67）

这句话简明扼要地说出了一件事，协作的意愿是组织必不可少的核心要素，没有协作的意愿就没有组织。巴纳德用理论推导的方式得出此结论，因为，在他的著名定义之下，组织的构成元素不是简单的人，是人的行为、活动，不提供行为和活动的人是没有意义的，因此，为了获得人们的协作行为必须要有人们协作的意愿。这种推导方式是典型的巴纳德范式，不是觉得什么重要，不是在现实中大量反复体会到了什么重要，就可以作为组织存在的要素了，还得从元假设推导出来。换个角度，如果谁假设，人们是否有协作的意愿，与其是否提供协作行为无关，也就是假设根本不用考虑人们协作的意愿，仍然有办法让人们提供协作，那么，巴纳德的理论框架就会被推翻一部分。

本章内容集中论述协作的意愿是组织存在下去的充要条件之一，而如何获得协作的意愿，与诱因相关，也就是与激励有关。我们下面单独列一章，讨论激励的问题。

第 8 章　诱因（激励）

巴纳德认为，“**构成组织力量的人的努力的贡献是由诱因引起的。自我保存和自我满足的利己动机是支配的力量。整个讲来，组织只有满足这些动机才能存在，除非它能够改变这些动机。个人始终是组织中基本的战略因素。不管个人的来历和义务，要使他协作就必须向他提供诱因，否则就没有协作。**”（P110）

这里有必要清楚地界定一下诱因这个中性概念，诱因这个词容易使人们感觉到包含了引诱、诱使的意思，似乎有什么不好的含义在里面。不是这样的，这是一个中性词，由于翻译的原因，我们目前可以用激励这个词代替，诱因就是激励。比如，巴纳德有时提到负的诱因，此时我们可以用正激励、负激励的理论思考。

我们已经了解到，组织需要向其成员提供诱因以交换成员的协作意愿，那么，合乎逻辑的思考就会产生，诱因有些什么特性？什么可以作为组织提供给个人的诱因？如何提供诱因？

1. 诱因的两个方面

这一部分巴纳德实际上是说明了这样一个问题，既然组织必须向成员提供诱因以使其获得动机上的满足，那么，组织就会有两种方法：一个是提供一些诱因，用一个诱因组合来满足成员需求；另一个是，还可以想办法改变成员的动机，如果组织成员的动机改变了，其对诱因的需求也会改变。后一种方法特别适用于一个组织没有足够的诱因来满足成员要求的时候。

巴纳德是这样表达的，“**对一个处于某种思想状况，持某种态度，有着某些动机的人，可以通过向他提供客观存在的积极诱因或负诱因的一定组合，引诱他向一个组织做出贡献。但常常会有这样的情况，组织不能为这种思想状况、态度和动机提供积极诱因，于是唯一可以作为替代的方法是改变这些思想状况、态度和动机，以便组织现有的客观诱因能够有效地发挥作用。**

所以，一个组织可以或者通过提供客观诱因，或者通过改变人们的思想状况来获得所需的努力以维持自己的存在。在我看来，任何一个组织如果不把这两种方法结合起来使用，实际上就不可能存在。某些组织

把重点放在提供客观诱因上（绝大多数工业组织就是这样），其他一些组织则把重点放在改变人的思想状况上（绝大多数爱国组织和宗教组织就是这样）。”（P111－112）

巴纳德的解释很清楚，他引导我们关注两种方法，一种是提供客观诱因的方法，叫作诱因的方法；另一种是改变人们主观态度的方法，叫作说服的方法。要么向人提供诱因，要么改变人的主观态度，这是组织角度可做的两件事。无论是提供诱因，还是进行改变人们态度的说服，从大的方面讲，都是诱因的问题，都是激励的问题。

2. 诱因的方法

巴纳德提出了八类诱因，应该说，这与组织行为学派中的激励理论和需求理论有着较大的重合。有关激励因素、人的需求研究，后来涌现了一大批的优秀研究者，麦格雷戈、赫兹伯格、麦克利兰、弗鲁姆、亚当斯、斯金纳等等，还有著名的人本主义心理学之父亚伯拉罕·马斯洛，这些人研究的精确程度和规范性及其综合起来的成果，远远大于巴纳德在这个领域的讨论。然而，我们为什么还要解读巴纳德呢？为什么还要研究他的思想呢？这是因为，所有后来的人物，几乎全部是站在个体、心理的角度考虑问题的，他们的语言没有组织理论的语境，我们研读组织理论，需要在任何一秒都不离开组织视野的思考，哪怕这种思考在某个具体领域只是一个初步的、有灵感的思考，这都会锤炼、丰富我们对组织的感觉和认知。在我看来，巴纳德之后，组织理论已经失传了，人们把太多的内容装进了组织理论，模糊了这个学科的边界，也就等于使这个学科的独立性消失。

鉴于研究领域，太多后来者有关于激励机制、激励因素的成果，我们早就了解到物质可以激励人，懂得精神激励的重要性，以及包含了两个因素的存在于组织中的各种具体的诱因。我们下面的重点，不仅在于巴纳德提出哪些是诱因，还在于他对某个诱因充满智慧的讨论。

（1）物质诱因

“物质诱因指作为接受雇佣的诱因、服务的报酬、贡献的补偿提供给个人的金钱、物品或物的条件。……用不着讲，一个人把大部分时间贡献给一个组织，在绝大多数情况就必须向他提供物质诱因以满足他生理上的需要——食物、住房、衣服。但这些需要是如此的有限，只要很少数量就可以得到满足。我认为，对绝大多数人来讲，当最低限度的需要得到满足以后，如果没有其他诱因的帮助，物质诱因的力量是极为有限的，于是只能几乎全部依靠说服。按我的看法，尽管在现代，特别是最近的情况下，对物质诱因极为强调，但如果没有其他诱因的辅助，超出了生理需要以外的物质诱因的效力是很有限的。”（P113）

巴纳德认为物质诱因的必要性之后，他提出了物质诱因作用的有限性，他认为人对物质诱因的需求并不像想象的那样大，很少数量就可以得到满足，而且一旦人的物质需求得到满足后，必须要其他诱因提供帮助，否则，物质诱因的作用极为有限。我们这里先不要同意或者不同意他的看法，他接下来顺便的讨论，体现了更多值得琢磨的东西。

“对许多人来讲，上述观点是不容易被接受的。对物质报酬的强调是技术发展的自然结果。相对于其他诱因来讲，物质的东西越来越容易生产，因而也越来越容易提供，于是在维持生存水准以上的人们中强制地培育对物质东西的爱好。……如果不培植新的物质欲望，科学技术在物质生产上的成功，在有的场合就会无效，在有的场合就会不可能。这种情况最显著的后果就是人口的膨胀，因为绝大多数人必然处在勉强维持生活的水平。在这种水平，整个讲来，物质诱因是强有力的诱因。这就使得物质诱因在超过维持生活水平之上仍然是最有效的诱因这一错觉得以永远存在下去。

“附带的结果是在人们之中形成了一种这样的情绪：他们应该追求物质。在培养青年正当的抱负时，非常重视以物的占有来作为好公民、适合于社会等的证明。于是，当人们内心的、占统治地位的动机得不到满足时，有股强大的影响力把这解释为物质补偿的不足，而没有意识到占统治地位的动机，至少不公开承认它们。

“我认为，普遍的事实是，除了极少数人以外，超过生活水平以上的物质报酬是无效的。对绝大多数人来讲，既不会为了获得更多的物质东西而更勤奋地工作，也不会因此而对组织多做一份贡献。从现实经验和以往的历史来看，绝大多数有效和强大的组织所依据的诱因中，超过生活水平以上的物的诱因或者很少，或者完全没有。……只有以下情况例外，即当物的诱因为其他诱因所加强时。但这也只是在以销售术和广告的形式进行大规模的普遍说服时。

“要指出的是，我们所讲的物的诱因而不是金钱。在讲到作为诱因的金钱时，要做一点补充（但并不是大的补充），这完全是由于在我们的经济中，金钱可以作为满足非物质动机（如慈善的、艺术的、学问的、宗教的动机）的间接手段，还由于金钱收入成为社会地位、个人成就等的标志。”（P113－114）

上面引用了巴纳德很多文字，他对于社会如何强化物质诱因的重要性，有着独到的见解。此处不能仅作为解释物质诱因的内容，还在于我们希望展示巴纳德的一个特点，他论述问题时偶尔会提出一些扩展的思考，这种思考不可能每一句话都是确定正确的，社会科学、组织管理理论领域有太多的假设存在。他的思考会使我们派生一些思考，会激发我们的思考，会帮助我们产生创造的可能。我们可以结合他上面的话思考一下以下问题。物质诱因真的那么重要吗？物质诱因在什么情况下重要？在什么边界下，以及当我们认为是物质诱因发挥作用时，是不是其实是很多诱因组合在一起发挥了作用？他看到社会对物质诱因的强化并提出了质疑，是人们本身重视物质？还是人们被强加了这样一种动机？他对金钱作为纯物质诱因和作为非物质诱因手段的作用做出了区分，钱又是个什么东西呢？研究巴纳德，最好不要把他的论述作为一种结论来记住，那没有什么用，应该把他的语言作为输入引导我们进入某种思考的状态。

（2）个人的非物质的机会

巴纳德认为，“**在维持生活的最低物质报酬以外的、对个人的非物质的诱因，在获得协作努力方面具有极大的重要性。显示优越、威信、个人权力、获得支配地位，在所有组织的发展中，都比物质报酬要重要得多。……不伴随着威望和地位的金钱是极为无效的。**”（P115）

必须重视这句话在语法方面的严谨性，巴纳德不是说非物质诱因比物质诱因重要，他是说，人们在获得维持生活的最低的物质报酬之外，也即基本的物质需求满足的基础上，非物质的诱因比物质报酬重要得多。上面这段话，结合对物质诱因的讨论，给我们一个这样的场景，仿佛我们要先上一个台阶，这个很小的台阶是物质诱因的满足，当上了这个台阶之后，非物质的诱因变得重要了。

显示优越是个什么非物质诱因呢？例如，某些企业，有时会选出某些员工，给他们一些荣誉称号，比如，杰出员工，劳动模范等，即使没有给这些人任何额外的物质报酬，也没有其他任何好处，获得称号的员工也会获得一定的满足，这些做法使其可以显示优越。

威信是一个非物质诱因，例如，某种类似专业地位的肯定，也是某些人工作的动力之一，比如，一旦遇到了某些技术难题，就把某人找来，让他提供一些建议、讲解。再如，曾有处于困难状态发不出工资的企业，某位以前有着极高威望的老领导还在不计报酬地拼命工作，使他停不下来的，可能是众人的期待，以前大家都相信他，这种威望使得他责无旁贷，再苦再难也要坚持下去。

个人权力是一个明显的非物质诱因，例如，从一般员工、班长、作业长、车间主任、厂长、运营总监、总经理、董事长这条越来越高的职位管理路线上，担任其职务的人会感觉到自己权利在不断增加，个人觉得自己拥有这种权利，也是一种诱因。在现实中，可以看到一些人对地位如醉如痴，追逐无止境。这里，巴纳德还做了一个有趣的标注，他认为个人权力大都是错觉，但有些人很重视。

获得支配的地位是巴纳德在此提到的最后一个非物质诱因，我们可以这样来理解。例如，某人在一个团队中，或者由于别的成员在能力、地位上远不及他，或者是要处理的问题，使得这个人始终处于中心地位，离了他就不行，这就是一种支配地位。

有关非物质诱因，巴纳德还点出一个提供非物质诱因的困难，“**非物质诱因常常是相互冲突的或者互不兼容的。对于某个人来说，作为诱因的个人威望的提高，必然意味着其他人威望的相对降低；这样，这项诱因对某个人的分量增加了，对有关的其他人来讲，个人威望相对低就成为次要的诱因了。**”（P123）这段话很有意思，确实如此，有时组织中提拔了一个人，给了他更高的职位和更大的权力，这个人受到了激励，同时却可能是对很多人的打击，这些人失去了机会和希望。

解释完非物质的诱因，巴纳德还讲了一句，“**通常的设想是，物质报酬会随着优越的显示和地位的上升而增加，甚至成为必要。**”（P115）显然，这句话显示巴纳德看到了现实中物质诱因和非物质诱因往往是结合在一起匹配出现的。

（3）几种其他的诱因类型

除了上面谈到的物质诱因和非物质诱因，巴纳德还谈到了几种具体的诱因。

良好的物的条件，对此，巴纳德对此只谈了一句，“**工作时良好的物质条件常常是意识到的（而更经常的是没有意识到的）协作的重要**

诱因。”（P115）

例如，某些人喜欢设备齐备、办公条件良好的工作环境；某些一线作业工人，他们愿意在提供了足够的工具装备、专业服装的地方工作；一位设计师，可能就是为了单位提供的独特的设计软硬件而愿意干活。有一种说法，雇用一名员工，对他的职务开销，其中工作条件支持方面的支出，可能远大于付给他的工资报酬，这部分包含了巴纳德的说法。组织要给工作人员提供必要的工作条件。巴纳德提醒我们，要注意员工工作的物理环境，这些不是直接给予个人的实际物质利益，但这些物的条件，也是人们协作的重要诱因。

理想方面的恩惠，巴纳德说道，“**理想方面的恩惠属于最强有力而又最被忽视的协作诱因之一。是指组织满足个人有关理想、未来或利他主义方面动机的能力。这些理想包括：对自己技艺的自豪感、对自己适宜性的感觉、对家族和别人的利他主义的服务、对爱国主义组织等的忠诚……它还包括满足有关憎恨和复仇动机的机会。**”（P115）

例如，一位身怀绝技、能力很高的员工，当组织提供了他发挥一切专业特长的机会时，他可能爆发出极高的工作热情，他发挥自己的理想得以实现。还有，几乎任何人在合适的情境下，都有利他的想法。曾经有这样一件事情，某个历史很长的工业企业，要用实际事例的形式提炼编写企业史，有几位退休的老员工，自始至终主动提供服务，一分钱报酬也不要，连中午吃盒饭的钱都自己出，这几位老员工发自内心的希望提供帮助，企业用他们做事本身就让他们获得满足。巴纳德提到的有关憎恨和复仇动机的机会，这个也很有意思，我们可以看到，在一些长期被某个对手压在后面的企业，一旦获得了可能的转机，一旦可能有机会超越对手，队伍会爆发出惊人的能量，不用动员，人们都自动地努力。

社会结合的吸引力，巴纳德谈道：“……**人们如果认为（按他自己的观点来看）社会环境不合适，那么即使有其他诱因，也常常不愿工**

作，或很难好好地工作。……如果不协调，或者只是缺乏协调，正式的信息交流，特别是通过非正式组织的信息交流都将很困难，有时则无法进行。”（P115－116）

这一点有物以类聚、人以群分的意思，在不同群体中有着丰富工作经验的人，可能会很有体验。例如，曾经有这样的例子，一位一直工作在自由自在环境的人，加入了一个等级森严的组织，他感到处处别扭，开会的时候要考虑坐在哪个位置，发言的时候要考虑顺序，甚至非正式的场合走过一个门的时候，也要考虑让某些人先走。他不能和这样的人际环境良好结合，很难有工作热情。再如，个人在一个有某种强烈特征的群体中，他可能交流困难，在正式的交流中，他不能被理解，而非正式的交流机会中，他不能融入。

适合于自己习惯的方法和态度的条件，巴纳德指出，“**习惯的工作条件以及符合于习惯的工作方法和态度。……持有不习惯的方法或在不习惯的状态下的人不会或不能好好地工作。……当雇员知道了工作方法和工作条件是他们所不习惯的时候，常常不愿协作。**”（P116）

例如，某个企业雇用了一位技术能手，一次，该企业的一台机器设备出了故障，作业人员填写故障报告单，等待维修人员的到来，在此期间停止干活。这位技术能手感觉到耽误工作，发挥自己的技术特长，自己修好了。但是，这件事不符合企业的制度、习惯，该企业的要求是每个人只干他自己分内的事情，如果贵重的机器设备修坏了怎么办？此事对这位技术能手产生了深远的影响，以前他习惯的工作方式是遇到问题自己就解决，没有那么精细的分工和规章制度。这个例子没有谁对谁错，不能习惯使得这位技术能手茫然、受挫，影响工作。再如，一家快速增长的民营企业，并购了一家国有企业，很快这家国有企业的员工显示出不能理解民营企业员工的工作方式。对于民企的员工而言，很多事情都是新的，必须主动去创造、去解决，遇到问题就自己去解决问题；

而原有的国企员工认为，这些民企是野路子，胆子太大，在没有确定任何制度和规范的情况下，就去生产和操作。这里工作习惯、工作方法、对待工作的态度，出现了巨大的分歧。很多员工不能理解这种工作方式的差异，于是也就不愿意继续协作。

扩大参与的机会，巴纳德谈道："**感到对事态的进程有扩大参与的机会。……它有时（虽然并不是必然这样）同显示个人优越和威信有关。这是对随着整个协作努力的重要性而来的本人努力的重要性的感觉。**"（P116－117）

这一点似乎不用多啰唆了，强调参与式管理，参与决策，已经是后来的普遍共识。这里略作补充，当谈到参与的时候，管理者往往认为是参与决策，这让人们感觉到对决定一件事情有影响，有自己的一分力量在里面。我们还要强调一种参与事情过程的方式。例如，某家企业生产大型设备，每次这种大型贵重设备交给客户的时候，都要有个隆重的交接仪式，通常的参加者是重要客户、各界名流和企业高层。该企业做了一件不同寻常的事情，让实际生产的农民工参与这个交接仪式，选出若干名一线工人，列队参加交接仪式，这一做法提升了工人的士气。

思想感情交流的条件，巴纳德认为，"**最难以捉摸和微妙的诱因是思想感情交流的条件。它同社会协调有关，但有本质的差别。这是个人在社会关系中感到舒服的感觉，有时被叫作团结一致、社会结合、群居本能或社会安定感（本来意义上的，而不是目前低劣的、经济上的意义）。它意味着获得伙伴情谊、在人格态度上有相互支持的机会。思想感情交流的需要是非正式组织的一项基础，而非正式组织是每一个正式组织运营所必需的。它也是存在于正式组织中而同正式组织相敌对的非正式组织的一项基础。**"（P117）

关于思想感情交流的条件这一诱因，可以这样理解。假如有一位发明家，他加入了一个企业，这个企业提供给他独立的设备齐全的研究实验室，允许他按照自己的想法自由创造，企业配备了足够好的团队能够与发明家协作配合，包容发明家按照自己的习惯方式工作，当涉及研发的重大问题邀请他参与，所有这些企业提供的条件都是吸引发明家的有效诱因，然而，还不是思想感情交流的条件这一因素。当发明家感到，可以有同事与他一起分享喜悦、面对困难，情感上相互支持，相互间彼此敬佩对方的为人时，大家之间有一种愿意在一起工作的情感纽带，这种状态类似于巴纳德所指思想感情交流的条件。这位虚构的发明家，原型是斯隆《我在通用汽车的岁月》① 一书中提到的凯特灵先生，是一位发明天才。尽管斯隆是一位客观的理性管理者，当凯特灵犯错的时候，斯隆会公事公办，毫不犹豫地指出来，但书中的只言片语可以让我们感觉到，凯特灵先生得到了像杜兰特、杜邦和斯隆本人等在情感上的支持，这一批人共同组成了一个强大的团队。这样类似的例子我们偶尔也会遇到，特别是一起合作共事很久的团队，有时会产生这样一种关系，情感因素很大程度上维系着一个人愿意干下去，特别是当其他诱因都处于匮乏状态的时候。另外，巴纳德上面一段话中提到了非正式组织的问题，非正式组织为什么与情感因素结合紧密，这也是一个值得注意的问题。

巴纳德还提出了要提供诱因组合这一方法问题，并提醒我们，诱因要处于变化之中：

“不同的人为不同的诱因或诱因组合所打动，并且在不同时间为不同的诱因或诱因组合所打动。人的欲求是不稳定的，这部分地反映了他们所处环境的不稳定。还有一点是，组织几乎永远不可能提供能够打动人们进行协作的全部诱因，而且通常不能提供恰当的诱因。”（P117）

---

① 艾尔弗雷德·斯隆著，刘昕译，《我在通用汽车的岁月》［M］，北京：京华出版社，2004。巴纳德的组织理论较难理解，需要有一种组织的“感觉”，读斯隆的书有助于我们增加这种感觉。

这段话放在激励理论大发展后的今天，仍然充满着力量。那种认为人们工作就是为了钱的简单想法，那种认为某人工作就是为了某个目的的想法，那种把人分为几种、贴个标签，然后对应他们各自需要什么诱因的简单思路，一下子显得幼稚了。是的，不同的人所需要的诱因不同，有的需要钱，有的需要荣誉，有的需要权力，有的需要社会地位，有的需要发挥自己的专业能力，当然，有的需要几种不同的诱因组合。即使是同一个人，在不同的时间所需要的诱因也是不一样的，一个人可能今天很需要钱，过一阵，他更在意获得别人的承认。巴纳德考虑到了人的需求不稳定和环境变化的因素，这看起来就是今天“权变理论”的想法，根据个人和环境的变化，选择不同的激励方式，这是一种明显的动态思路。巴纳德上面一段话最后提醒我们，组织所面对的现实是通常不能提供恰当的诱因，那么，另外一种方式，也就是采用说服的方法就成为必须。

3. 说服的方法

巴纳德，“**如果一个组织不能为人们的贡献提供恰当的诱因，它就必须做说服工作，以便使足够的人改变他们的欲望，认为能够提供给他们的诱因是恰当的。……说服这个词是广义的，包括：（1）造成一种强制的状态；（2）机会的合理化；（3）动机的灌输。**”（P118）

“**（1）组织的强制手段既用于排除人们对组织的贡献，又用于获得人们对组织的贡献。……对不合愿望的人的排除是维持组织能率的一种必要手段。而且强制性排除也是一种杀鸡给猴子看的说服手段，造成一种恐怖气氛，使得那些没有直接受到排除的人愿意向组织做贡献。……没有一个很持久和很复杂的协作体系能够单靠强制力而获得广泛的支持。**”（P118－119）

上面一段巴纳德提到了强制手段，我们可以近似的理解这是一种负激励，依靠将某些人排除到组织之外这种惩罚手段，来换取对其他人的震慑。类似的例子很多，比如，某个严格注重质量的企业，当发生了质量事故，并确定了原因是人为的之后，会将责任人开除，这样其他的员工会感到问题的严重性，在自己的工作中去避免造成质量问题。再如，还有一种更缓和的做法，某个团队在进行共同创造，有的成员显然与该团队的工作方式、价值观、理念等格格不入，无法融入，于是团队的很多重要活动自动将该成员排除在外，这种做法未必是直接开除一个人离开企业，却是将其排除到了团队之外，这同样对其他成员是一种警示。巴纳德此处谈到的强制手段，没有任何负面的意思，没有任何玩弄手腕的意思，有的时候采用较为激烈的强制手段确实比正面的激励更有效果。

但巴纳德说，没有一个很持久和很复杂的协作体系能够单靠强制力而获得广泛的支持，这句话算是一个提醒，仅仅依靠强制力，无法获得广泛的支持。现实中存在一些官僚作风很重的企业，制造了一种人人自危的氛围，某些大人物永远神圣不得侵犯，他们稍不如意就开除员工，挂在口头的话经常是“愿意干就干，不愿意干就走人。”还要注意的是，巴纳德加了限定词“持久的和复杂的”。是的，简单粗暴，在某些特定的情境下有用，越是那些想要长期存在下去的，越是需要很多专业人士共同协作的组织，越要注意不能仅靠强制力。

“（2）**在绝大多数的现代活动中，机会的合理化是重要得多的一种说服方法。合理化这里的意思是，组织把它对组织成员提供的条件或要求成员完成的任务说成是合理的，从而要求成员完成组织交给的任务。……诱因合理化的程度有两个层次：一般合理化，即把整个社会组织合理化……特殊合理化，即试图说服个人或集团，他们应该为特定的组织提供服务或顺从它的要求，那时符合他们的利益的。**”（P119－120）

关于一般合理化，有若干种类型，我们这里只讨论与企业管理相关性较大的物质合理化。他认为现代社会广泛深入地强调物质进步的合理化，“**它是现代西方组织有特征的形态的一个重要基础。……它在现代的最明显的形式是，同使用物质产品而产生的满足有关系的广泛而强烈**

的推销、广告和宣传攻势。”（P119）现在想想，这种影响力不就在我们周围吗？到处有声音告诉我们，什么东西好，快来买吧，消费会带给你价值，享受更多的物质是合理的，希望挣更多的钱是合理的，各种社会组织全部笼罩在这种合理化的解释之下。巴纳德认为，这种物质合理化的社会价值值得怀疑，但是，他补充解释到，如果把它作为一种附加的诱因，使得社会协作更为有效的话，其正当性就无可怀疑。

对于特殊合理化，有很多例子。比如，有些企业很强调自己的价值，强调所做事业的社会意义，“我们的企业呵护人类的健康”“我们的使命是使人们过得快乐”“让天下没有难做的生意”“一切为了孩子”“我为祖国献石油”等，所有这些表述和行为，多少会使人产生想加入该企业的想法。再如，有的企业里会强调接受某项任务、从事某项任务是合理的、有意义的，一些在全球服务的工程类、建筑类公司，经常发出动员，劝说人们随时到世界上任何一个地区去工作是合理的。

巴纳德解释说，“**特殊合理化是对个人发出呼吁，要他参加一个组织，接受一项任务或职位，从事一项服务，为一项事业做贡献。……它常常同其他方面提供的机会相比来强调自己所提供机会的优越性。它尝试引起人们对最容易提供的或以最突出方式提供的诱因的兴趣。**”（P120）

“（3）**最重要的说服方式是动机的灌输。其正式的方式是对年轻人的教育和对成年人的宣传。……除了正式的方式以外，还有非正式的和间接的方式。如格言、暗示、模仿和竞赛、习惯的态度，都主要地对调节个人动机和诱因的情感反应起着调节的作用。**”（P120）

一个组织，一家企业，通过做某些事情去改变员工的想法，将某种价值观、理念输入到员工身上，在某些时候比直接提供各种诱因更能影响员工的行为，也就是说，一旦员工被输入了某种动机，其原来的需求、欲望可能发生变化，对于组织来讲，所付出的诱因也会发生变化。

例如，一些军工企业就特别重视这种方式，像中国航天精神之一，“特别能吃苦，特别能战斗，特别能攻关，特别能奉献”，经过长期的这种思想熏陶之后，员工就会主动地吃苦、战斗、攻关、奉献，同时相对较少地关注自己个人的所得。再如，某些商业组织会说服员工，将当期所应得的收入拿出一部分，购买公司的股票，与公司共担风险共创未来，这也是在一定时期内改变了员工的需求。

上面在说服的方法中，巴纳德提到了强制、合理化和改变动机三种方法，所有的这些知识都是中性的，在恰当的时候得到合理的利用，就会有利于组织的存续和员工的发展。但是，这里需要补充说明一点，任何知识都可能被歪曲地利用，中性的知识本身是无法选择善恶的，为什么这么说呢？我们观察到，一些企业利用知识去做对员工不利的事情。比如，某些企业利用员工的谈判能力低下，经常开除一些有想法的员工来吓唬其他人，制造恐怖氛围，让员工只干活不问回报；有些企业在明显看到损害员工健康的情况下，宣扬天天加班是应该的，每天早到晚走拼命工作是正确的，对于一个充满了这种文化的组织，很多员工久而久之自动加班，他们认为这是合理的；有企业在长期给员工待遇很低的情况下，鼓励员工不要多考虑物质利益，告诉员工某个时期内不要考虑钱的事，多考虑未来，多考虑如何做好工作。凡此种种，类似的做法很多，可以说这些是不道德的恐吓和洗脑行为。对于那些在职业生涯中，多次遭受某些组织不正当地利用这些手段的人来讲，这种凸显出来的感受很深刻。总之，巴纳德的理论不是所谓的手腕和权术，不是心机和算计，他是告诉我们存在于组织中的一些规律。

有关诱因的问题，需要认识到几点：一者，诱因有几种类型，说服方式也有几种类型，需要了解清楚每种具体的诱因是什么。再者，诱因组合是个关键词，一般情况下，不可能只提供一种诱因就能满足人们的需求，诱因的方法和说服的方法，也要结合在一起。最后，甚至是更重要的，必须认识到人的动机的复杂性和可变性，不同的人有不同的动机，随着时间、环境和个人动态变化，个人的动机会产生变化，同一个人在不同时候的动机可能不同。这间接告诉我们提供差异化激励因素的重要性。巴纳德还提出诱因的经济学，赫伯特·西蒙后来据此提出了“条件与贡献的均衡”，即组织成员为组织做出贡献，作为一种交换，组织为其成员提供一组条件。[①] 西蒙的解释很精确，在此不再阐述。

至此，组织存在的三个充要条件已经研读了两个，共同的目标和协作的意愿，还有一个信息的交流在后面阐述。巴纳德创造性地将权威的问题与信息的交流联系起来，下一章我们首先谈谈权威。

---

① 赫伯特·A. 西蒙著，詹正茂译，《管理行为》［M］，北京，机械工业出版社，2004。参见第六章组织的均衡。

第 9 章　权威

巴纳德提出组织存在的三个充要条件为：信息的交流，协作的意愿，共同的目标。但是，这里面没有涉及“权威”。组织理论由韦伯建立，韦伯认为权威是一个核心概念，一个组织存在下去必须要有权威进行维持。巴纳德为什么不把权威作为组织三要素之一呢？巴纳德为什么用信息交流代替了权威呢？

这是一个重要的疑问，权威理论的地位在哪里呢？谈论组织，不以权威为基础核心之一，令人倍感困惑。我们需要沿着这个困惑，从这个重大分野来思考。理解巴纳德所讲的权威与信息交流的区别与联系，是理解其组织理论的一个关键点。我们先看看，巴纳德之前有关权威的重要理论。

马克斯·韦伯在其著作《经济与社会》中提出：“使社会组织成为一体的是权威，权威的合法性有三个基础：合理基础、传统基础和神授基础。

“合理基础，它是以一种对正规规则形式的“合法性”，以及对那些升上掌权地位者根据这些条例发布命令的权力的信任作为基础的，称为法理权威。

“传统基础，它是以一种对古老传统的神圣不可侵犯性及对根据这些传统行使权力者的地位合法性的既定信念作为基础的，称为传统权威。

“神授基础，它是以对某一个人的特殊的、超凡的神圣性、英雄行为或典范品格的信仰，以及对这个人所启示或发布的规范榜样或命令的信仰为基础的，称为神授权威，还可以称为个人魅力型权威。”①

韦伯抽象出了组织权威的三个来源，那么巴纳德在有关权威的理论中谈了什么呢?

① D. S. 皮尤编，彭和平、杨小工译，摘自《组织理论精粹》［M］，北京，中国人民大学出版社，1990。马克斯·韦伯论述权威的内容。

1. 对权威的准定义

巴纳德是这样论述权威的："**权威是正式组织中信息交流（命令）的一种性质，通过它的被接受，组织的贡献者或成员支配自己所贡献的行为，即支配或决定什么是要对组织做的事，什么是不对组织做的事。按照这个定义，权威包括两个方面。第一，主体方面，个人方面，把命令作为有权威的来接受。第二，客体方面，命令被接受的性质。**"（P129）一旦涉及定义，或者与定义接近的论述，往往是关键的地方，必须小心翼翼地理解。

（1）从巴纳德论述来看，他理解权威，是从权威发挥作用的动态过程角度进行的。发布命令的一方，接受命令的一方，通过信息交流这个过程，也就是发布命令——接受命令的过程，权威起作用。权威起作用的前提，不是谁发布了命令，而是命令被接受，重点是接受方。这就是巴纳德的权威接受理论。

巴纳德讲明白了一件事，命令发布与命令被接受的过程，无非是一个信息交流过程，权威发挥作用的整个过程就是一个信息交流过程，因此，信息交流占据组织理论的更核心位置。为什么要发布命令呢？无非是要传递信息并期待产生协作活动。可以把信息分为两种，一种是包含命令在里面，另一种是纯粹的信息传递，不包含命令。无论哪一种，信息传递、发出、被接受，这整个过程中只要产生了协作活动，对于组织来讲就足够了，有没有命令的内涵就变成一个次要问题。这就是为什么巴纳德没有把权威当作组织存在的三个核心要素之一的原因，他认为，信息交流的问题更为本质。

对比韦伯提出的权威的三个来源，合理权威、传统权威和个人魅力型权威，我们发现，韦伯的论述似乎关注的是来源、源头、基础的问题，类似于放射性元素的辐射源。而巴纳德巧妙地避开了这个本质问题，他说权威来源于被接受者的同意，来源于“下面”。他从权威起作用的动态过程，从权威发布者和权威接受者的相互影响过程角度看问题，且将决定性因素放在了权威接受者一端。

该怎么评价巴纳德的论述呢？特别是与韦伯对比的时候。恐怕还是韦伯的理论在权威问题上更基础。为什么呢？放射性元素产生辐射，如果是没有被辐射到的物质，那么，我们可以说辐射并不存在。可是，放到现实里，可能存在放射性元素单独存在的情况吗？即使辐射到空气中，空气也是一种物质。类似地，权威如果不被接受，权威无法发挥作用，但现实的体验告诉我们，除了少数的极端情况，特别是在一个组织的动态过程中，命令只要发布了，声音从权威的位置发出了，通常会起些作用，总会有一些影响力。在权威的发布者和接受者之间的互动影响中，哪一端都可能有更决定性的作用。

巴纳德在著作结束的部分表达过他的理念，“**具有自由意志的人的协作的力量，能够使人自由地协作。**”这句话帮助我们理解巴纳德看问题的角度，他认同自由意志，那么，结合权威经常落空的现实，他从权威的被接受角度讨论问题具备合理性。而且，越往后看，越能感觉到这个角度看问题的必要性，当面临权威失去效力的情况时，我们是不是该想想，那种动辄使用权威的做法到底如何？当意识到组织成员可以很大程度上决定他是否提供贡献活动，这至少帮助我们可以更聪明地使用权威。

有关权威的定义，巴纳德用了这样的语言，“**从上述分析中得出一种我们的研究目的所需要的类似于定义的论述。**”（P129）这句话用词恰当，巴纳德感觉到了自己给权威还不能下一个精准的定义，因为他限定了研究目的。任何定义，肯定是接近于适合一切情况的。这也说明巴纳德的谨慎，他在说什么事情之前，先告诉别人他论述的前提。这一段我们的标题是“准定义”，巴纳德做出有关权威的论述，是一种接近定义的描述。

（2）从上面巴纳德接近于定义的论述中，还提到一点，权威分为主体方面和客体方面。这也是一个比较难理解的地方，什么是主体方面？什么是客体方面？这种划分的意义是什么？

一切理解还要围绕个体角度与组织角度的区别，以及权威与信息交流的区别。我们可以初步做以下简单理解：

“**主体方面，把命令作为有权威的来接受。**”（P129）这种理解的角度，强调的是个人、个体。个人判断他是否接受权威，是否执行命令，个体的因素起着决定作用，这些判断都是个人的，因此，也就是主观的判断，属于主观因素。

“**客体方面，命令被接受的性质。**”（P129）这个理解角度则强调组织，强调整个协作体系，组织客观存在着信息交流的体系，而不管单个人是如何看待的。命令被接受的性质，本质上是信息交流体系发挥作用，即权威是信息交流的一种性质，信息交流是一种相对客观的存在。巴纳德指出信息交流体系在专门术语中常常表述为权威体系。

上面一段的最后一句，可以看出，巴纳德将权威的客体方面，仅仅是权威的客观方面，近似等同于信息交流体系。巴纳德理论的继承者之一，决策理论的发展者、诺贝尔经济学奖得主西蒙，在《管理行为》中指出了巴纳德理论的不足。他认为巴纳德将权威体系等同于信息交流体系存在问题，是个遗憾。西蒙指出，组织的信息，很大一部分是不依赖于权威体系来传递的，二者不可等同。[①] 注意，此处讨论涉及我们在权威这一章开篇提出的理论的重大分野，权威与信息交流之间到底是什么关系？有哪些区别？有哪些类同？关于这一点，特别得感谢西蒙犀利的识别能力，这也让我们后人得以注意和感知他们谈的到底是什么事。

我是这样考虑此问题的。巴纳德是把权威的客观方面等同于信息交流体系，仅仅是客观方面，也就是作为一个协作体系存在下去的客观要求，不包含主观方面，不包含权威被接受过程中接受方的主观判断。一个组织中大量的信息传递，不依赖于权威体系，乃至多数信息传递都不依赖于权威体系，这符合后现代组织的特征。那么，不依赖于权威体系的信息传递，在设定的权威体系之外的信息交流，其发生依靠的是什么呢？如果是个人的决策，个人主观的选择，这就与权威的主观方面情况类似，由个体决定是否接受指令，要不要交流，与谁交流，至少是非正式组织的交流。如果这一分析合理，那么，巴纳德的论述就没有问题，因为，他不但对权威与信息交流进行了开创性的区分，还明确提出了权威的客体方面和主体方面的区别，也就是说，显然巴纳德不可能认为所有的信息都依赖于权威体系传递。但是，再回过来思考西蒙的论点，我们可以借此提出一个疑问，即使将权威的主观方面对信息交流的影响全部排除在外，组织正式的信息交流过程，也全部经由权威体系传递吗？这似乎是个程度问题，是一个以权威为中心还是以信息交流为中心的程度问题。这样看来，西蒙的论述也没有问题。

---

① 赫伯特·A. 西蒙著，詹正茂译，《管理行为》［M］，北京，机械工业出版社，2004。参见第 8 章沟通，P230。

为补充理解巴纳德为了自己研究目的、从某个视角为权威下的定义，我们还是再细品几段巴纳德自己的话。

“如果一个命令下达给了命令的接受者，命令对他的权威就被确认或确定了。这成为行动的基础。如果他不服从这个命令，就意味着他否认这个命令对他有权威。因此，按照权威的定义来说，一个命令之是否有权威决定于接受命令的人，而不决定于权威者或者发命令的人。”（P129）

巴纳德引用罗伯特·麦克斯的论述，**“不论权威来自个人或机构，都是由舆论创造和维持的。而舆论则是由情绪、感情、尊敬或命运论支配的。即使权威所依据的是强制力，它也要为被统治者所接受，尽管其接受是由于对强制力的恐惧。”**（P129－130）

巴纳德还引用詹姆士·G. 哈伯德的话，**“最彻底的民主主义是在军队中。训练和士气影响到士兵的无声的投票。当前进命令下达的瞬间，士兵大众立即执行——这是群众心理学的一种变形：要服从指挥者。但是，在这个动议被通过以前，军队是不会前进的。只有各个普通士兵之间相互协作，才会有全场一致的同意。”**（P130）

下面讨论权威被接受的四个条件，我们先把权威的主观方面搞清楚。

2. 权威被接受的四个条件

既然命令需要通过它的被接受来完成权威发挥作用的过程，那么，什么情况下权威会被接收呢？也就是权威被接受的条件是什么？巴纳德总结了四个条件，“**一个人只有在同时具备四个条件时，才会承认一个命令对他是有权威的。（1）他能够而且的确理解了命令。（2）在他做决定时，他认为这个命令同组织目的是没有矛盾的。（3）在他做决定时，他认为这个命令，整个来讲同他的个人利益是一致的。（4）他在精神和肉体上能够执行这个命令。**”（P131）

（1）“**一个不能被人理解的命令不可能有权威。……这些命令在解释清楚以前是没有什么意义的。这种命令的接受者必须或者不管它，或者做些他希望能够符合于命令的事。……因此，管理工作相当大的部分就是在具体情况下对那些本来无法理解的命令进行解释再解释。**”（P131）

举例说明上段话的含义。某集团公司总部经过讨论，提出了一些新的思路，在公开的场合讲出来，希望各个下级单位按照这个思路进行调整。其大致的意思是，按照精细化生产、金融化运作、国际化发展的新战略统筹集团公司的各项工作。按理说，这些高层的声音传达了重要的信号，给各个下属单位实体传递了很多信息。但问题是，这些思路，这些大方向描述，具体到某个业务单元意味着什么呢？通常我们缺少结合业务单位的具体解释，没有细节，没有行动的步骤和具体做法。最终的结果往往就像巴纳德所言，各个实体单位，要么不管它，还是按照自己以前怎么做的继续那样做，要么做些孤立的、表面的事情以迎合这些高层的想法，不是有先后顺序、彼此协调的一组活动，也就是没有发挥组织起来的力量。

企业里有太多的命令，缺乏清楚的解释，只是一些大概念，一些在哪里几乎都不会有问题的大词汇，一些人们无法与自己的工作结合起来的要求，这种情况下权威不会产生，时间久了，人们会对这类命令、指令产生厌烦情绪，认为是说空话、大话，无法与现实相结合。高层领导也很困惑，为什么大家不按照新的思路行动呢？他们没有意识到，很多指令没有被很好地理解，或者不可能被很好地理解，导致权威落空。或者这些高层领导者也意识到了，只不过，他们在更上一个层级的领导者那里接收到了这些宏观的、大面的指令，他们自己也无法理解，于是，先传达下去，规避了不尊重上级权威的风险，这实际上是一种组织僵化的体现，权威自然无法发挥作用。

巴纳德还提到语言的问题，语言不通，命令无法被理解。现实中我们可以体验到，很多语言是难以理解的，原因是没有表达清楚，或者是对同一概念的理解角度、层次不同，造成无法理解。一个人无法理解命令，显然就不会执行命令。

（2）**“一个被接受者认为同组织目的相矛盾的命令是不会被接受的。与目的矛盾的命令会使得行动错乱。……任何一个有经验的管理者都懂得，当必须发出在接受者看来同主要目的相矛盾，特别是从以前的惯例看来相矛盾的命令时，通常必须解释或表明，那表面看来的矛盾其**

实是并不存在的。……否则，命令或者是不被执行，或者是执行的不恰当。”（P131－132）

举例说明上面一段话。某民营企业，希望上市融资，但现有股东并不都支持这个计划，有些股东认为，企业并不缺钱，上市融资的目的不清楚，似乎变成为了融资而融资。大股东为了推动这件事，任命某位股东全面负责推动上市融资，第一步是从那些不同意上市的现有股东手里回购股份。这一操作进行了一段时间，被任命全面负责上市的人发现，为了回购股份，导致一些重要的股东离职，对企业的破坏作用很大。于是，他实际上开始抵触回购方案，将回购股份的速度放慢下来。这里，董事长的命令在负责操作的人看来，回购股份、上市融资不但没有对企业带来可见的益处，还造成重要骨干的离职，这同做好企业的大目标严重背离，他不再执行命令。

现实中会存在这样的情况，某个行动，看上去与企业的大目标违背，这时候，必须做出解释，说明该项行动实际上与大目标不相违背，否则，很可能造成权威被质疑，人们不执行命令。再如，某制造企业，高层团队刚刚决定，利润率在5%以下的订单不能再接，根据趋势预测，原材料、劳动力成本一再上涨，这类订单接了，反而会亏钱。但突然有一家德国企业，下了一个重要订单，给这家制造企业较大批量制造一批新型设备的机会，而该新型设备正是该制造企业非常希望打入的国际市场机会，只不过，德国企业要求该企业几乎零利润率来做。这时，该制造企业的多数管理层认为，不能接这个订单，接了肯定要亏钱。董事长对此事进行了协调，他认为，这是一个千载难逢的机会，接了这个订单，国际买家就会知道他们的企业可以生产这类新型设备了，先亏点钱不是问题，未来有大量盈利的机会。这里，董事长的解释、协调、沟通，变得非常关键，否则，很多人会认为这是定了规矩不执行、有损企业利润的行为。

（3）“**如果个人认为一个命令所带来的负担会破坏他同组织关系的纯利益，那么它对个人为组织做贡献的纯诱因就不存在了。纯诱因的存在是任何一个命令被认为有权威的唯一理由。如果有人接收到这样一个没有权威的命令，由于它完全不符合个人的动机，他就会不服从这个命令，最常见的情况是巧妙地回避。**”（P132）

我们头脑中可能闪现出这样的场景，在某些极端的情况下，比如战争期间，会有很疯狂的举动，二战期间日本飞行员曾经驾驶飞机去撞击美国的军舰，难道，明白自己有去无回的飞行员，在了解自己将失去一切的情况下，会遵从命令吗？实际情况是他们遵守了命令，权威得以维持。这时候，我们要注意，“纯诱因”这个词。飞行员将失去生命，但之前，组织向他灌输了精神因素，诸如爱国理念、民族利益理念，以及纪律、执行命令之类的不可动摇的信念，于是，失去生命与报效国家之间，纯利益依然存在，纯诱因依然是正向的，此时，命令得以执行。

巴纳德提出，符合个人动机是接受任何一个命令的基础，如果下达的指令不符合执行者的个人动机，权威很可能无法发挥作用。这是常见的情况。太多组织做了明显有损于员工的傻事，结果落得很多事情无疾而终。例如，为了发展知识系统，拼命将专家的经验知识提取出来，然后，希望不再依赖于专家的个人能力，这种做法显然会遭到专家本人的抵制，有些专家会隐藏重要的经验、知识、技能，使得所谓的系统退化为一个没多大用的知识库。况且，即使专家都贡献知识经验，新的知识经验也需要专家们去创造维护，脱离了人的创造性的软硬件系统，很快就会过时。违背个人动机的情况下，权威很难起作用。再如，很多企业不断利用考核指标，加任务量，淘汰产出低的员工，时间一久，人们会对考核指标产生抵触，只做考核要求的事，一些新出现的更重要的事不做了，甚至，联合起来控制产出量，应对不断加重的考核指标。错误地行使权威，错误地下达指令，会招致人们巧妙地回避，很多事做不下去正是这个原因。

巴纳德的这一提醒非常宝贵。是的，组织不可能全做符合个人动机的事情，毕竟每个人动机不同，有些情况下为了组织发展还会短期损害个人利益，无法照顾到个人动机。可问题是，不提供纯诱因，不顾个人动机，人们就会不服从命令，或者表面态度上服从、实际行为上不服从命令。最起码，我们要意识到，总是以权威的形式，持续发出损害所有人利益的事情，权威早晚会无法维持。

（4）“**如果一个人没有执行命令的能力，显然他一定会不服从这个命令，或更好的办法是不去管它。**”（P132）

这类例子很多，某公司的培训中心，没有专业培养师资，能力不足，长期下来，该培训中心已经变为一个接待中心，主要提供场地、住宿安排等服务。一次，培训中心主管给员工下达了命令，今后，除了提供场地等后勤服务，还要提供更多的增值服务。为了提高服务的附加值，要为培训课程的安排提供设计，甚至通过多次参加专家的培训，员工们自己可以培育出几个讲师，上台讲课，直接提供培训。事实上，长期从事后勤服务的员工们只用一秒就否定了这个超前的想法，自己该做什么还做什么。这些员工明白，他们无论怎样努力，也不会达到那个能力。此外，也没有上面说的纯诱因提供，他们努力的意愿也不存在。

在一些快速发展的企业，我们还经常会看到这样粗糙的做法。本来还没有掌握技能、具备能力、有足够经验的员工，大量被安排执行超出其能力范围的事情，管理者还以“大胆起用新人”“在工作中锻炼人是最好的锻炼”为借口。锻炼人，难道一定是让不会打仗的新兵直接上惨烈的战场吗？这类情况很多是发展过于野蛮快速，超出能力，无人可用，或者为了能够控制队伍，控制成本，雇用了一批专业能力不足的人，于是，让新人硬上。结果很清楚，大家凑合、勉强，表面做过去了，实际质量很低下。造成这样结果的原因是，给一个没有执行命令能力的人，下达了命令，他内心不会服从命令，他能做多少做多少，结果就不管了。让没有能力的人去做远远超出其能力范围之内的事情，是对其精神和肉体的双重折磨。

以上巴纳德提出了权威被接受的四个条件。顺便说明一个问题，巴纳德的组织理论，包括管理学等所有这类的学问属于社会科学范畴，社会学问所揭示的规律，不可能如自然科学牛顿定律那样精确，社会科学往往是存在着例外情况下的基本规律。

3. 无关心区

既然权威需要被接受，由接受者决定其是否发挥作用，权威如果大量不被接受，协作就会瓦解，那么，重要持久的协作能够实现吗？巴纳德认为可能实现，因为个人决定是在一些条件下做出的，其中一个条件就是，作为权威的接受者，每个人都有一个不考虑其权威性而接受命令的无关心区。另外一个条件是，作为权威发布者，慎重地发出命令，符合权威被接受的四个条件，不发出不能或不会被服从的命令，以避免破坏权威、纪律和士气。本文主要讨论“无关心区”这个特殊概念。

他是这样解释的，“**如果所有的行动命令按实际可行的受令者对它们的接受程度的顺序来排列，则可以设想有一些是显然不能被接受的，即肯定不会被服从的；还有一些或多或少地处于中立线上，可能被接受，也可能被拒绝；第三部分是毫无疑问的被接受的。最后一部分就是在无关心区之内。在有关权威这一点上，受令者对这个区内的命令的内容是不大关心的。这个范围以内的命令，一般是在参加组织的时候就预料到的。**”（P133－134）

对于遇到命令就执行的情况，熟悉组织现实的人们会有感觉，很多时候，我们既然成为的组织的一员，实际上面对一般的任务分配和工作过程，我们是不大考虑其背后的权威性的，上级交代下来了，就去办。这种情况类似于刺激反射式的行为，不假思索就做了，类似于蛙跳反射。大量例常工作，程序性工作，在人们从事一个职业时就能理解其任务责任性质的工作，都是这个情况。例如，一个在全球大范围进行工程建设的公司，很多员工接到项目任务，他们对于到哪里工作不会很在意，哪里有项目就到哪里去，在非洲，还是南美洲，他们不是很关心。再如，一位大学教员，每年安排他上几门课，只要是在其专业范围和工作量之内，教师对于这种安排并不关心，为学生上课，这是教师职业分内之事。这类情况就是无关心区之内的事情，权威自然发挥作用，人们自然地接受。

巴纳德接着谈道，“**无关心区的大小取决于诱因超过贡献的程度……对那些只是勉强被诱致去做贡献的人来讲，能被接受的命令的范围是很有限的。**”（P134）

对于权威发挥作用的条件来讲，无关心区的大小就显得很重要，区域越大，权威的行使越顺畅。这里巴纳德与纯诱因又结合起来了，组织为成员提供诱因，成员为组织做贡献，即成员的所得与付出，二者之差就是纯诱因。如果组织为一个人提供的诱因足够大，以至于这个人可以为组织“卖命”，愿意干组织分配的任何事，那么，这就是无关心区极大的情况。命令一下来，成员就会执行。反之，如果诱因不足，组织成员感觉自己付出的多，得到的少，此时，无关心区就小，能够不加衡量判断就接受命令的范围有限。

这种情况在现实中经常出现。有时候一些管理者为了吸引某些人才加入组织，会口头提供很多承诺，等人才实际进来后，又提供不了那些条件，于是，这些人才只能接受有限范围的命令，甚至过一阵就辞职。有些强拉硬拽的群体，勉强地参与某些工作，一旦遇到困难，稍有波折，人们就散去，不再听命。职场里有些话语，“领导给我们画大饼”“领导给我们打鸡血”“他们假装给我们发工资，我们假装干活”，等等，就有类似的意思，表现了一种纯诱因不足，人们自动接受权威的空间就小的状态。

巴纳德又谈道，“**对一项组织命令的否定，威胁到所有从组织得到纯利益的人的利益……因此，对绝大多数贡献者来说，在任何时候，维持所有在他们的无关心区范围以内的命令的权威，有着积极的个人意义。**”（P134）本段话是在解释，维持无关心区内的权威，对所有组织成员是有益处的，因为，否定一项组织的命令，有可能威胁到组织的利益，进而威胁到所有成员的利益。这样，由于维持无关心区内的权威与个人利益相符合，组织成员是倾向于维持无关心区内的权威的。

他紧接着指出，“**这种利益的维持主要通过非正式组织的职能。它以舆论、组织意见、群众感情、集团态度等名义表示出来。这样，共同体的共同感对人们的态度施加影响，使他们不愿对无关心区以内或接近无关心区的权威提出疑问。**”（P134）

这几句话值得仔细品味，人们维护无关心区内命令的权威，这种维持组织的方式，主要是通过非正式组织的职能，以舆论、组织意见、群众感情、集团态度等名义表示出来。由此，形成的共同体的共同感，对每个人的态度产生影响，从而使得人们不愿意对无关心区的权威提出疑问。非正式组织促成的舆论推动着人们维护权威，此时，对于个人来讲，纯诱因不简单是表面的个人回报与付出之间的权衡，更是一种个人不破坏整体意见、个人意愿不与整体理念相抵触的行为方式。个人不愿意破坏整体气氛，以及不愿意接受由此带来的负影响，换种解释，个人即使受到些损失，做一些违反自己意愿的事情，也不愿意直接与整体舆论、氛围对抗。共同体的共同感也是个重要概念，我们可以类似于理解为组织的认同，我们是这个组织的成员，这个组织有些共同认同的理念、习惯、行为方式等。

举个例子来理解这些话。有些时候，领导者发出“大家一起吃个饭吧”这样的倡议，团体内很多成员都愿意去，或者即使去也没有什么不好的感觉。但是，对于某些人来说，他们实际上非常不愿意去。有些人是因为专注于工作，没时间去参与这类应酬，他也不需要借此加强沟通和被激励，他感觉这是浪费时间；有的人是因为愿意省下这些时间多与家人在一起，平时工作已经非常繁忙；还有些人是因为不大喜欢参与这种氛围的场合，也许需要喝酒，需要应酬，说很多需要考虑才能说出来的话，他感觉这类聚会不轻松，甚至有点无聊、做作。尽管如此，这些人在很多时候还是参与了，因为，如果他不参与，可能会破坏气氛，破坏一种大家在一起做一样的事的气氛。当几个人，以非正式组织的形式，发出声音类似“一起去吧”的倡议，这本身也是参与一个实际上有很大非正式意义的活动，不愿意参与的人也参与了，慢慢地，这类倡议变成了接近无关心区的事情。在组织生活中，有太多这样的例子，“那么多人出资为新项目众筹，我也出资参与。”“别人没提需要涨工资，我也就别提了。”“别人没要求不加班，很多人都来加班，我也就加班吧。”

上面谈无关心区的部分，还有个值得思考的问题。巴纳德认为，这种利益的维持主要通过非正式组织的职能，共同体的共同感对人们的态度施加影响，使其不愿对无关心区以内的权威提出疑问。那么，组织成员维持无关心区的倾向，到底是什么因素导致的？显然，巴纳德的观点是共同体的共同感，是通过非正式组织，以舆论氛围的形式产生影响的。然而，这不禁使人产生疑问，组织成员维持无关心区内权威的倾向，主要是受非正式组织舆论氛围的影响？还是权威本身直接发挥作用的影响力量？

这似乎值得深入探讨，它涉及假设是否成立的问题。归因于权威本身发挥作用，如果放在权威自上而下的假设下，很能说得通，因为权威是自上而下的，因此，经过诱因的反复强化之后，经过强制力反复强化后，形成了一种无关心区，人们自动服从权威，产生维护无关心区的倾向。但，巴纳德的假设却是，权威是自下而上的，权威通过它的被接受得以起作用，那么，无关心区的形成则需要非正式组织的舆论导向起主要作用。之所以讨论这个问题，是因为巴纳德的权威理论似乎是反着的，权威通过它的被接受发挥作用，权威是自下而上的。人们对权威的通常理解是，权威来自于“上面”，巴纳德却说来自于“下面”，这种与常识稍有出入的理论需要精确的解释。很可能是为了与人们对权威的通常理解相调和，巴纳德提出了一个上级权威假想的概念，他承认这种假想的存在。

4. 上级权威假设

巴纳德是这样提出来的，“**共同体的这种共同感在形式上的表现是认为权威是自上而下、从一般到特殊的假想。这种假象只不过是为了使人们找到一个不对上级命令提出疑问就接受的理由，以免自己产生人格的屈辱感和在同伴间丧失个性和人格地位。**

“**可见，贡献者愿意维护命令的权威。因为发命令者注意只发出能被接受的命令。这些命令一般都在无关心区以内。还因为共同体的共同感在绝大部分时间影响到绝大多数贡献者的动机。共同感的实行工具是上级权威的假想。这种假想能够把涉及个人的问题正常地作为非个人的问题来对待。**”（P134）

必须注意这句话——共同体的这种共同感在形式上的表现是认为权威是自上而下、从一般到特殊的假想。简单讲，共同体的共同感需要上级权威假设，而组织成员维持无关心区的倾向主要依靠共同体的共同感，那么，维持无关心区岂不是归根到底依靠上级权威假设吗？也就是自上而下的权威维护了无关心区吗？

此时，我们还应特别地注意一个细节，那就是非正式组织。巴纳德显然没有说人们维护无关心区的倾向是权威自上而下的直接作用，是命令系统的直接作用，而是通过非正式组织的职能，以舆论氛围的名义，对人们产生了影响。既然是非正式组织，自上而下的权威，还是自下而上的权威产生的影响，就不用那么绝对了。这使我们感觉到，巴纳德是对假设做了可以接受的调和。他理论假设的基础仍然是权威接受理论，权威是自下而上的。或者我们还可以据此判断，巴纳德在这个问题上有理论缺陷，因为，存在着假设不一致的地方。无论如何，归根到底，他的论述还是带给了我们思考，没有他的论述，我们连思考这些问题的机会都没有。

巴纳德进一步指出了需要上级权威假想的两个原因：

（1）“**这是把做出一项组织决定的责任推给上级或组织的过程。这意味着，如果一个命令未被下级执行，管理者要承担决定错误的风险。可是管理者个人却不能，而且常常也不愿承担这种风险，除非由对有关情况做出判断的其他人共同来承担。绝对大多数人不愿承担个人责任，所以就愿意承认权威，特别是当他难于承担个人责任时更是这样。组织运营中的实际困难很少是由于过分地要求人们对自己或别人的组织行为承担责任，而是由于人们不愿承担自己在组织中的行为的责任。**”（P135）

这一部分可以简单理解为，从一个下级的视角，人们为什么需要上级权威假设。巴纳德说得很直接，人们不愿意承担自己行为的责任，于是将做出组织决定的责任推给上级。需要指出，巴纳德只是强调组织中存在着这样的情况，千万不要顺着某几句话，就推测巴纳德将人理解为是不愿意承担责任的，很多表达有着微妙的区别。

我们有时候会发现巴纳德描述的这个情况，例如，当两个部门遇到了合作中的问题，有的时候，其中任何一个部门多做点工作，问题就可以解决，每个部门也都清楚地知道这一点，但现实通常是谁也不会多做，谁也不去做超出自己职责范围内的决定，把问题上报，由更高的管理层级做决定。有些企业经常遇到这类问题，很多非常小的事情，很多一线工作中需要的决策，某台设备由哪个业务部门先用，一小笔特殊的预算批准与否，等等，甚至要上报到总经理裁决。每当公司制度规定之外，出现新的情况的时候，这种现象更加明显，明明是举手之劳可以解决的问题，下级会搞得很正式，小心翼翼地交由上级决定。

（2）“**这种假想提供了有关组织的利益处于危险中的非个人的预告。如果故意地或只是由于一时激动而蔑视客观权威，换句话说，如果不是正当地捍卫个人的重大利益，而是蓄意歪曲组织的要求，那就是蓄意地对组织本身攻击。身在组织以外，不一定比（身在组织以内）对组织不友好或不关心更坏。身在组织以内而故意地不履行义务是一种敌对行为。没有组织能够容忍这样。如果可能的话，必须对这种行为惩罚，甚至监禁或处刑。当一个人事先一般地答允他愿意做的场合，常会有这样的情况。当组织处于困境时离开它是不能容许的。**”（P135）

这段话可以近似理解为，从一个上级的视角，人们为何需要上级权威假设。此处，巴纳德的大概意思是，如果一个组织的成员，在没有正当理由的情况下，不去履行职责，不理会权威，不接受命令，或者攻击组织，作为一个上级，可以发出这种行为将损害组织利益的预告。此时，上级的行为完全是组织角度的，是为了维护组织利益的行为。简单讲，上级为了维护权威，将损害组织利益的压力交给下级。

这种情况我们也能够感受到，例如，有的时候，最高管理层要推动某项新的业务、实施某个制度、做某件事情，往往伴随着一些笼统的说服，说明这些举措是为了公司整体的利益，言外之意是希望按照命令行事，否则伤害公司整体利益，那就是下级的责任了。再如，当一个人明显做出对企业不利的行动，比如出卖核心技术机密，把客户交给竞争对手，违反安全规定进行操作，这些情况下，上级会很容易行使权威，采取制止或制裁行动，因为，人们会认为这些行为损害公司的利益。

最后，让我们以巴纳德的两段论述结束这一章，这两段论述不仅是对于权威，对于信息交流，还对整个组织存在的三个充要条件之间的关系，有着整体的说明。他曾经明确地表达，“**组织中信息交流的要素似乎只是部分地同权威有关；但是，更深入地考察一下就会发现，信息交流、权威、专门化和目的都是协调所包含的各个方面。所有的信息交流都同制定目的和传达协调行动的命令有关，因而依存于向愿意协作的人传达信息的能力。**

“**权威是个人服从于协作体系要求的意愿和能力的别名。权威的产生一方面受到协作体系的技术条件和社会条件的制约；另一方面受到个人方面的制约。因此，一个社会中权威的状况是个人的发展以及社会的技术情况与社会情况的发展尺度。**”（P145）

至此，巴纳德建立了较为完整的权威理论，包括什么是权威，权威被接受的条件，无关心区，上级权威假设。他将权威与信息交流问题联系起来，对权威与信息交流做出区分，这是巴纳德理论中的一个精髓。

第 10 章　信息的交流

巴纳德指出，“**权威是正式组织中信息交流的一种性质。**”（P136）这句话是核心价值所在，刻画出权威与信息交流之间的联系和区别。

上一篇在讨论权威的研读文章中我们曾经做了解释：巴纳德理解权威，重点是权威发挥作用的动态过程，命令发布与命令被接受的过程，本质是一个信息交流过程。发布命令对于组织的意义在于，传递信息并期待产生协作行为。韦伯提出权威的三个来源，合理权威、传统权威和个人魅力型权威，关注的是权威的来源；巴纳德则强调权威起作用的动态过程，他认为权威来源于“下面”，因此，权威发挥作用的前提是“被接受”。韦伯与巴纳德的解释角度不同。古典组织理论的建立者韦伯，将组织理解为一个权力系统；现代组织理论的建立者巴纳德，将组织理解为一个协作活动系统，而使得这个协作活动系统存在的根源性的充要条件就是——信息的交流。

权威与信息交流体系的联系，巴纳德将之放在什么地方阐述的呢？是在论述完权威的主观方面之后，在“协调体系”一节做出的，巴纳德将权威的客观方面等同于信息交流体系，协调体系的信息交流系统可以近似等同于权威系统。一个协调体系，一个现象形态的组织，一个包含了物的、生物的、心理的和社会的诸多要素在内的现象形态的组织，我们用权威进行协调，更本质地讲，我们用信息交流体系进行协调。

彻底论述清楚权威与信息交流的区别联系，是巴纳德清晰的历史贡献，这是将我们与后现代社会连接起来的一句话，他的理论还远远没有过时。80 多年后的当今世界，信息社会就是将信息交流视为一个核心要素，将信息视为核心资源。今天，在后工业社会、后现代社会、知识经济时代、信息社会、互联网时代、物联网时代、虚拟组织这些耀眼的新词汇背后，真的包含着比巴纳德更透彻的认识吗？恐怕我们只有将组织定义为 0 和 1 的组合，才能探寻到更本质的意义吧？但那已经不是组织理论和管理理论的范畴，到了用 0 和 1 组合定义组织的时候，组织理论也许已经没必要存在。

1. 信息交流的地位

巴纳德指出，“**实现共同日的的可能性和存在着愿意为这个共同目的做贡献的人们，是协作努力体系的两极。使这些可能性成为动态过程的是信息交流。**”（P72）

这句话奠定了信息交流在组织理论中的地位。组织理论说到底，信息交流占据着中心地位。上面那段话包含了巴纳德提出的组织存在的三个充要条件——共同的目标、协作的意愿和信息的交流。如果非要对组织三要素的重要性进行区分，那么，从组织的角度，信息交流是核心要素，没有信息的交流，共同的目标不可能达成；没有信息的交流，人们也不会产生协作的意愿。当然，这种区分仅仅是突出信息交流的核心地位，缺了三要素中的任何一个，组织都不存在。

巴纳德指出，“**信息交流技术使得组织采用某种形式并获得内部的经济性。**”（P73）

巴纳德这句话里提到的“信息交流技术”并非仅仅指科技角度理解的软硬件组合，他是从组织角度讲的信息交流技术，包括语言、媒体、互联网、社区等广义的信息交流技术，这些帮助组织能够以某种形式获得经济性。例如，很多跨国公司通常采用英语作为官方语言，就是为了从经济角度获得沟通的效率。再如，丰田汽车公司生产线，为了沟通的方便，发明看板，醒目明确，根据动态的变化为后道工序提供必要的信息。巴纳德提到的这种趋势，仍然在继续。当代组织，越来越具有柔性，与信息沟通方式的巨大变化相关，互联网的发展提供了新的可能性，知识社区可以使身处全球各个角落的专业人士相互交流、解决问题，顾客社区可以将企业与消费者联系起来，在互动中形成需求解决方案。

巴纳德指出，“**组织的结构、广度和范围几乎全由信息交流技术所决定。**”（P73）

为了避免与我们一般理解的狭义的“技术”概念混淆，可以采用信息交流的“方式”这个词语。比如，如果信息交流采用自下而上汇聚到某个职位的方式，并通过该职位自上而下传达，下层职位间很少进行横向的直接信息交流，那么，我们初步断定这是一个纵向型的结构；如果信息交流有很多横向传递路线，可以在一个团体内不同职位不同角色间发散传递，这可能就是团队方式，接近于横向型结构。这都说明，组织结构的设置要由信息交流的技术决定。现代信息技术、互联网技术的发展，可以帮助经理人员管理更多的下属，可以在更大地域范围内和更多的内部机构间进行交流，组织内外部成员间可以即时交流，大大拓展了组织的广度和范围。

巴纳德还指出，“**组织内许多专业化的形成和维持，主要都是由于信息交流的需要。**”（P73）

从现实角度讲，为什么我们往往将研发工作、生产工作、销售工作、财务工作、人力资源工作，这类具有某种特殊知识和技术、技能的活动放在一起进行？因为从发展某个专业的角度来讲，从便于完成专业工作的角度看，专业人员之间需要进行频繁大量的信息交流，于是将这些类似活动放在一起，形成了某种专业化的能力。

比如，我们将作业方式，做工作的方法和过程看作是一种专业化，这是泰勒提出的工作方式问题。个体工作方式有两种：一种是细分专业化，每个人执行简单的操作，只大量进行同质化的重复操作，例如，将特定的情景进行编程、处理订单、摆放垫圈、对加工对象进行打磨倒角、开关信号灯、打扫宾馆房间，等等，在这类操作的工作设计中，每个单独设计的工序，与其他工序分开执行，由不同的人完成；还有一种是按照关联性组合的专业化，上下游的几个工序由一个人来完成，例如，对钢材进行切割、钻孔、打磨等几个操作合并为一个职位工作，对订单的接收、分发、跟踪和审核等几个活动合并成一个职务工作。在工作现场，有时为了避免上下游工序环节之间信息传递出现差错，可以采用合并活动的方式，以代替分工过细的单个工序专业化操作，当前流程再造的基本思路就是这个方式。在作业方式问题上，无论采用哪种专业化的方式，都考虑了信息交流的需要，分工过细，不同操作之间的信息联系容易出问题，于是采用了部分合共方式，可以减少不同操作之间传递信息的差错，加速信息传递。

需要注意，巴纳德说，组织内许多专业化的形成，主要是由于信息交流的需要。他没有说，“全部”专业化的形成，主要是信息交流的需要；他也没有说，许多专业化的形成，“全部”是由于信息交流的需要。类似于“许多”“主要”等限定词汇非常重要，在他的理论体系内，由于考虑多因多果的交互作用，由于考虑到组织多种力量的相互交织作用，很少使用绝对的词汇。

如上所述，信息交流对于一个组织如此重要，巴纳德在后面论述管理的职能时首先指出，“**一个协作体系所必需的努力的协调需要一个信息交流的组织体系。这样一个信息交流体系就是相互联系的中心或联系点。只有被叫作经理人员的人位于这个中心时，这个中心才能发挥作**

用。因此可以这样说，只要信息交流必须通过中心点，经理人员的职能就是作为信息交流的渠道……信息交流职位和人员的工作的配置是同一件事的两个相互补充的方面。信息交流中心是该场所的人们的组织活动。不在职位的人不可能行使管理职能，只不过是潜在的能力。另一方面，没有人的职位如同已死的神经中枢一样，是不起作用的。”（P171）这段阐述，不仅说明信息交流对于组织的作用，还说明了管理活动的意义，以及管理者是干什么的。管理者的一个核心任务就是维持组织的信息交流。

2. 信息交流的"技术"

巴纳德所谓的信息交流"技术"是一个广义技术概念，我们可以理解为方法、方式、手段这样一些近似的词汇含义。关于信息交流的方法，巴纳德提到了几个，比如，口头语言和书面语言，具有明显意义的动作或行动，以各种方法发出信号，还有以心传心的方式。具体的一些方法、方式问题，上面已有提及，这里我们着重解释一下"以心传心"这个奇怪的词汇。

巴纳德指出，"**以心传心的方法之所以必要，是由于语言作用的有限性和人们使用语言能力的差异。在专门训练和经验及个人交往的持续方面，一个极为重要的要素是不通过语言而了解对方的能力。不但了解环境和条件，而且了解对方的意图。**"(P72－73)

巴纳德自己造出"以心传心"这个词汇，是源于他看到W. H. R. 里弗斯在《本能与潜意识》一书中的内容。巴纳德认为这个词汇不包含什么神秘的意味在里面，在原始文明和高度复杂文明中，都有这种沟通方式。巴纳德给了我们一种感觉，这种感觉能引起我们的某些共鸣。

在一些文化、行为习惯、共同经历非常一致的小范围组织，经常能发现这种沟通方式。例如，有时候大家在开会，一个人反复说着不大有意义却又是不得不说的事情，发言者发现某种氛围的时候，在没有什么语言交流的情况下，他自己主动快速结束。再如，两个长期合作、无缝配合的业务伙伴，在某个情境下，不用语言交流，甚至不用提前商议，就自动采取了相互配合的一致行动。这就是不仅了解环境条件，还了解对方的意图。

如果扩展到所有的信息交流方式，包括语言、动作、信号、以心传心等，对于那些深入的交流，往往共同的经历是相互交流的重要前提。如果没有共同的经历，在没有对很多事物有着近似认知的情况下，在没有诸多共同认同理念的情况下，即使说着相同的语言、努力表达着各自的意图意义，也无法相互理解，无法完成真正的交流。也就是自说自话，各自表达，相互之间只有词义上的表层交流，各自按照自己的理解进行解释，无法达成交流，这种现象在组织中经常存在。特别是大量运用信息技术的当下，很多事情就是一个符号、一组数字、一个点、一个抽象的词汇，其完整丰富的内涵很难浮现出来，有时这反而会造成信息交流的障碍。

巴纳德有过这样一句话，“**由于信息交流只有通过人的中介才能实现，所以寻找行使管理职能的人是建立信息交流手段的具体措施……**”（P171）放在当前的背景下，信息技术大发展，移动互联网和人工智能提供的似乎无限的可能性，是不是对巴纳德的假设提出了挑战呢？组织中的信息传递，还需要人这个中介吗？有了智慧机器，有了即时通信，很多事情，不是都可以依靠它们做了吗？无论我们依靠多么发达的科技和丰富的想象力去构筑未来，当考虑到巴纳德提到的“以心传心”，不仅了解环境条件，还要了解对方意图，人的作用仿佛又回来了，太多复杂微妙的意义，在机器之间尚且难以传递，也难以相互理解。我们可以把机器的 0 和 1 语言，与人们的文化、意图、语言之间的关系，放在未来去判断。我认为巴纳德的理论继续有效，组织中的信息交流，仍然离不开人，越是重要信息之间的交流，越要依靠人。研究领域做的事，不是对未来的判断，不是预测，不是为人类指明方向，研究是对事物的规律进行探索，并用恰当的语言表达出来。当人们了解到这些规律时，体会到这些规律是如何隐藏在复杂变化的现实中发生作用的时候，当然有助于我们预测未来趋势。

3. 信息交流与权威的维持

巴纳德谈道，“**由于人们认为在上层职位的人拥有与这种职位相称的更广阔的视野和展望，于是认为他们的信息是有权威的。这种权威在相当大的程度上同占有这个职位的人的个人能力无关。常有这样的情况，占有高位的人能力有限，只是由于他的职位处于有利的地位，人们才认为他的意见是优越的。这是职位的权威。……有的人显然有突出的才能。他们的知识和理解力赢得了与职位无关的人们的尊敬。人们只依据其知识和理解力就认为他在组织中讲的话是有权威的。这是领导者的权威。**”（P137）

上面巴纳德提出了两种权威，职位权威，这是职位赋予占据这个职位的人的权威；领导者权威，是一种依靠个人能力获得的个人影响力，是个人权威。要想清楚地体会到职位权威与个人权威的区别，我们可以观察组织中的这类现象进行比较：当同一个人，在不同的职位上，他的权威状态如何；当不同的人，在同一个职位上，其权威状态如何。

为什么又开始提到权威的问题呢？在讨论了职位与领导权威之后，巴纳德话锋一转，又与信息交流问题联系起来了，“**客观权威只有在占**

有职位的人和领导者继续得到恰当的信息的情况下才能维持。在非常罕见的情况下，有些有广泛知识、很高领悟力或高深技能的人，不在管理职位上也能获得恰当的信息。他们有关应该做什么或不做什么的讲话会被人接受。但这常常只是个人建议，由接受建议的人自己对风险负责。这些人与其说有权威不如说有影响力。”（P138）

我们从上面这段话看出来，无论何种权威，如果没有必要的信息支持，权威就会落空。有个例子很能说明这个问题，一家被兼并的大企业高层领导，在整个集团里被任命为负责新业务的高层领导者，有着副董事长的职位，其本人也非常有能力。但不久之后，这位领导者愤然辞职，原因是他被架空，他被安排到了一个信息孤岛上，多数时间守在一个大办公室里，有文秘人员服务。可是，涉及重大决策，涉及公司业务，涉及他分管的新业务，没有其他高层领导认真听取他的意见，下面负责新业务的部门长常常直接向总经理汇报工作，他获知事情的时候一般都是决策后的例行通知。没有信息，表面位高权重的人什么也做不了。参与决策的前提是获得有关决策的信息。

巴纳德总结，“**权威一方面取决于个人的协作态度；另一方面取决于组织的信息交流体系。如果没有后者，前者也不能维持。**”（P138）

在研读完巴纳德有关信息交流的基本阐述之后，我们举个例子，再次品味一下权威与信息交流的关系。Valve是一家美国的游戏公司，创造了《半条命》《反恐精英》《求生之路》和《DOTA2》等经典游戏，拥有着全球最大的游戏数字发行平台steam，该企业经常被外界描述为是一个没有权威，没有老板，员工可以自行决定做什么的企业。我们看看该企业自己的表述：

“Valve是平等的，这并不是说我们没有任何管理体制，也不是说你不需要向任何人‘汇报’。我们有创始人、有总裁，但哪怕是他也不能成为你的经理。这个公司的方向由你来把控——向着目标前进并避免风险。你有给项目开绿灯的权力，你也有发售产品的权力……Valve 公司并没有完全否定组织架构的作用——它总会以各种形态在 Valve 临时闪现。在小组成员完全不建立任何等级时，或是当这些制度持续的时间太久时，都会有问题发生。我们认为那种组织结构将只会满足小组自己的需要，而不再是为客户着想。等级制度会通过招募更多适合这一制度的人从而实现自我强化，原先为客户服务的单纯目的将逐渐被成员利用体制谋求私利的欲望和行动所取代和吞噬。”①

越是对照这类新企业的现实，越能显示出巴纳德理论的超前性，这个例子生动地展现了权威和信息交流的关系，信息交流是基础，可以通过信息交流解决的问题，为什么要动用权威呢？同时，权威的客观方面就是信息交流的问题，组织的不同部分之间需要信息交流，哪怕是再灵活的、如 Valve 公司般的团队，也会存在不同部分间的信息交流问题。任何一个组织，如果需要在不同部分间进行信息传递，需要进行决策，就需要权威的存在，因为没有人保证所有的事情都可以达成一致。只不过类似于 Valve 这样的企业，形式化的、仪式感很强的权威体系被大大弱化了，但是，作为一项功能，权威仍然若隐若现地存在，即使职位权威并不明显，还有个人魅力型权威发挥作用。那种将等级结构、权威贬低得一无是处的观点，更像是过度夸张的文学化表述，并不专业。

需要再次点明巴纳德信息交流理论的意义。假如没有巴纳德，人们会认为，管理者就是放在权利中心和权利路线上的那些人，管理者要和权威、权利这些事务联系在一起。有了巴纳德的信息理论，他的建议是，将管理者放到信息交流重要节点的位置，管理者的职责之一就是维持一个信息交流的体系。以权威为中心，还是以信息交流为中心，是古典与现代组织理论的不同之处。任何触及本质问题的讨论，其生命力往

---

① 郭威，《管理如何起作用》。

往是垮时代的，巴纳德理论与当前的现实一旦相遇，似乎能帮助我们对未来的状态有所思考，他是现代理论的缔造者，也是后现代的启发者。

最后，巴纳德还谈到信息交流需要注意的七个问题。巴纳德对于本质有着犀利透彻的把握，偶尔也会随便谈几句小策略。他的这种能力，可能与其在新泽西贝尔公司做总裁的经历，在多个重要组织中任职的经历分不开，他有实际体会，他对组织有感觉。仔细理解这七个问题，以及巴纳德在这些论述后面谈到的组织构造和人员问题，[①] 这两部分结合起来会有助于我们搞清楚如何对组织进行设计，我们可以把组织设计称为“小组织理论”，着重于为组织设计功能结构，进行业务流程和组织结构的设计。七个具体问题如下，我们不再过多解释：

（1）**信息交流的渠道要清楚地为大家知道，即必须明确规定权威体系。做到这点的方法是：使大家都知道有关公务的任命；确定每个人的职位；普遍地宣布各人的职位；画出组织图；进行教育；而最重要的是习惯化，即在可能实行的限度内尽可能地使体系长期化。权威的重点或者放在职位上，或者放在人上，但通常是把两者结合起来，但更侧重于职位方面。**

（2）**客观权威要求组织中的每一个成员有一个明确的正式的信息交流渠道。用通常的话来说就是，“每个人必须向某个人报告”（向上的信息交流），以及“每个人必须从属于某个人”（向下的信息交流）。换句话说，在正式组织中，每个人必须同组织有正式的关系。（但在有些类型的组织中也有这样的情况，一个人向两三个上级报告并成为他们的下属。在这种情况，各个上级的职能是明确规定并原则上互不干扰的）。**

（3）**信息交流的线路必须尽可能地直接和短捷。所有正式的信息交流实质上都是用语言（书面的或口头的）表达的。但作为信息交流载体的语言，作用有限并易于引起误解。许多信息交流必须事先做准**

---

① C. I. 巴纳德著，孙耀君等译，《经理人员的职能》［M］，北京，中国社会科学出版社，1997。有关管理职能中的组织构造和人员问题，参见其著作 P172－173。

备。即便是仔细做了准备的信息交流也需要做解释。而且，职位越高，信息交流的词语就越是一般化。于是在经过传达的每一个层次时，就会丢掉或增加一些内容；特别是当采用口头形式或在每一层次上有几项信息交流相结合时更是这样。还有，当信息自上而下时，越往下就越要具体化；而当信息自下而上时，越往上就越要一般化。此外，即使其他情况都一样，经过的层次越多，信息交流的速度就越慢。所以，信息交流的线路越短，信息交流的速度就越快，错误就越少。

（4）必须应用整个信息交流线路。这意味着从组织最高层到最底层的信息必须通过权威体系的每一个层次。这是因为，如果跳过了权威体系的层次，就可能出现相互冲突的信息交流（自上而下的和自下而上的）。它之所以必要还由于每一层次必须对信息做出解释并承担责任。（还有其他一些原因，如维护作为管理者诱因的个人威信）。

（5）在信息交流中心服务的人员，即职员和监督者的能力必须合格。信息交流的职位越是靠近中心、组织越大，则越是要求这些人员能够了解整个组织的工作。这是因为，一个组织的信息交流中心的职能是，把接收到的有关外界的情况、活动进程、成功、失败、困难、危险等，按照最终目的和当前目的的要求，用新的活动、预备措施等形式传送出去。为此就必须或多或少地了解有关的技术、人员的能力、非正式组织的情况、辅助组织的性质和状态、同目的有关的行动原则、对外界因素的解释等。……每个大的信息交流中心本身就是一个组织，有的还很复杂……这些人组成组织的一个管理单位，其中拥有指挥权的“主任”只有一个，技术问题则分配给参谋部门或专家组织去处理。

（6）在组织执行职能时，信息交流线路不能中断。在绝大多数组织（可能除了小的“个人”组织）中，都详细规定了当在职者不能执行公务或不在时，如何自动地有人临时担任职位的办法。这也是一个重要原因。这些规定强调了组织权威的非个人的和信息交流的性质。同样的，许多组织（特别是强调“纪律”的组织）都反复灌输职位比人重要。这点的必要性不但是由于不如此就无法传达特定的信息，而且至少同样重要的是，如果正式的“权威体系”破坏了，非正式组织很快就会瓦解。用组织的语言来讲就是，“政策”使骚乱蔓延。如果一个职位空缺了，而人们不知道这一情况，组织还能在相当长的时期继续行使职能，除非在紧急情况下，不会有大的混乱。但是如果人们知道了这一情况，组织很快就会瓦解。

（7）每一个信息都要被认证。这意味着，必须让人们知道，传达信息的人的确在有关的“权威的职位”上；这个职位包含着有关的信息类型，即该信息在它的职权范围之内；这个信息的确是从这个职位发出的有权威的信息。……授职、就职、宣誓、公告、介绍等的仪式实质上都是为了使大家知道谁担任某个职位，该职位包括哪些职权的恰当方法。为了使这些职位能够行使职能，常常必须使就职仪式戏剧化，这是在权威唯一基础的组织基层创造权威、灌输组织感的重要措施……这是培育“对组织的忠诚和团结”所必需的。抬高高层职位的身价是抬高所有同组织有关实物的身价的重要方法。（P142）

至此，有关信息的交流，我们研读完毕，加之共同的目标和协作的意愿，构成了正式组织存在的三个充要条件。正式组织的要素之外，还有一个很重要的组织问题——非正式组织。

第 11 章 非正式组织[①]

① 郭威，巴纳德组织理论解读：非正式组织［J］，中国人力资源开发管理创新版，2014。该文 2014 年发表于该杂志，本书在原文的基础上做出修改。

非正式组织是我们能够感觉到的事务，生活中好像到处都有小团体等，我们对此再熟悉不过了。仔细想想会发现，非正式组织难于描述，我们越去清晰地定义它、描述它，仿佛越找不到头绪。在目标、规则、理性程度、活动方式等方面，正式组织与非正式组织有着明显的区别，在某些情境下，这些区别似乎又很小，二者存在模糊地带。努力去观察一下，我们很快会意识到，详细刻画一个非正式组织很困难。

巴纳德没有放过非正式组织这一微妙而难以解释的问题，他认为非正式组织的研究还不够，只是在工业组织的生产层面得到明确的研究，其中包含梅奥的《工业文明的人类问题》，怀特海德的《自由社会中的领导》，坎布里奇的《工业工人》，罗德里斯伯格和狄克森的《管理和工人》，以及福莱特对组织动态因素的深刻分析。这些研究者大部分是人际关系学派的重要人物。其中罗德里斯伯格和狄克森两人的著作《管理和工人》，记录了哈佛研究组在霍桑试验绕线室试验中的详细过程，他们注意到非正式组织对工人的影响，发现了工作团体中的限产行为。从人际关系角度来看，管理者应该将组织看作一个社会系统，平衡正式组织所要求的效率逻辑和非正式组织的情感要求之间的冲突。①

巴纳德在前人的基础上继续探讨这个问题。本章研读，我们着重挑选巴纳德论述非正式组织作用的论述，也就是非正式组织到底是什么？其与正式组织是什么关系？同时将一些有意思的论述放到本章最后，以供补充认识：

巴纳德谈道，“**非正式组织使得一些正式组织非成立不可，如果不成立的话，非正式组织可能无法持续发展下去。……纯粹被动和不活泼的联系是不能长期存在的，似乎必须做些什么事才行。常常有这样的情况，组织的存在只是为了满足人们联系的需要，联系就是成员们普遍的和唯一的动机。……任何一种特定的活动形式，通常由于这种或那种原因，在短时间内就会结束，而要找到另一种活动形式，对个人或集体一般都不是一件容易的事。因此，建立活动的模式具有极大的重要性。**”（P93－94）

有过类似经历的人可能对上面一段很有感觉。曾经有一个非正式的交流群体，大家都爱好管理研究，几个人定期聚一聚，聊聊管理。随着时间的推移，大家都感觉到需要做些什么事，做某些具体的事，才能将交流继续下去。其中某人发起了一个博客，大家在那里都写一些东西，交换一下看法，顺便也谈些管理之外的个人琐事。大家参与这个非正式组织，保持了很长时间的交流意愿，直到各种环境变化，交流不再活跃。为了找到活动模式，有人推动一些新的事情，比如，一起去企业考察，共同开发一些案例等等。正如巴纳德提醒的“活动模式的重要性”，那些新的活动被提出来，经过了几次热情的交流，随后就没有了音信，人们由于各式各样的原因不愿意做下去了。是的，非正式组织使得一些正式组织非成立不可，可是一旦成立，也有可能使得这个正式组

---

① 乔治·梅奥著，陆小斌译，《工业文明的人类问题》［M］，北京：电子工业出版社，2013。该书是人际关系理论的代表作，巴纳德与梅奥存在着思想交流和联系。

织连同过去的非正式组织全都瓦解，其中找到某些活动、找到活动模式可能是战略因素，没有它不行。

我们可以琢磨琢磨，多少非正式组织无法继续下去，原因就是没事可做，可做的事太少；人们为了建立联系而做某些事情，所做的事情并不重要，重要的是可以提供联系的机会；一旦找不到活动的模式，组织就不能存在下去。巴纳德常常说一些话，超越了某些孤立的观点，他讲给有故事的人。

巴纳德谈道，“**社会的结合是个人不可缺少的需要。这就要求有当地的活动和个人之间的相互作用。没有这些就会发生人性丧失的情况。人们之所以愿意忍受本来可以避免的烦琐的日常工作和危险任务，就是由于他们不惜一切代价地要通过行动来维持社会结合的感觉。**”（P95）

有个例子很好地说明这个问题，某位女士在一个科研院所做外聘工作，由于是外聘，工资极低，根本抵不上每月的花费，她家里环境很好，不缺钱。她在这里工作，地位类似于“二等公民”，永无转成正式工的机会。但这位女士坚持干下去，而且非常快乐努力认真地干活。她所从事的工作包含很多琐碎、重复的劳动，比如把大量的技术文件归档、打成捆、存放到指定位置，将开会的信息逐一电话通知到技术专家们，接听无数电话、接待很多咨询，提供会议服务，等等，在忙的时候经常需要加班。她提供的继续干下去的理由是，和这里科室的同事们关系融洽，大家在一起很开心，而且经常可以面对一些不同的人。很多人无论物质条件如何丰富，也不愿意待在家里不上班，待在家里时间长了，不接触社会，有一种要疯掉的感觉，某种程度上是一种社会性需求的体现。

巴纳德上面那段话中还有个小细节——社会的结合是个人不可缺少的需要。这就要求有当地的活动和个人之间的相互作用。“当地的”这个词是怎么回事？必须要“当地的”吗？必须要面对面吗？用巴纳德的一些话做依托，可以使我们产生很多联想，可以反思我们当前的社会。随着信息互联网的发展，人们通过各种终端、媒介、各种即时通信工具和社交平台，可以与世界上的任何人取得联系，足不出户跨越万里。这种新的现实可能不是巴纳德那个年代所能想到的，也就是“当地的”联系好像不再是人们社交的唯一途径了。但反过来一想，目前这种人们大量时间被锁定在各种终端的状态，这种虚拟联系越来越多的趋势，是帮助人们找到了各自所需的社会结合？还是正走在虚幻空洞、人性丧失的边缘？似乎未有定论。

巴纳德上面那段话里出现了“人性丧失”一词，显然这不是一个缓和的词汇，此段之前，巴纳德还提到过一次。“**当人们缺乏社会接触的渠道，处于真空状态，会有人性丧失的感觉，当相当多的人处于此状态，就可能做出疯狂的事情，必须使人群有事可做是极端重要的，无所事事是祸害之源。**”（P94）

可以通过一个例子来说明。某位大型制造企业的领导，他谈到过这些感觉，他每次在给各个分厂布置任务的时候，都要稍微高一点点，他的观点是忙一点好，大家都很忙就不容易制造事端。他最头痛的时候就是生产不均衡，导致某个车间大批人员无活可干，为此，他宁愿低价给别的厂干些活，哪怕亏些钱都愿意。大批量无活可干的劳工，大量的人突然没什么事情可干，这时必须创造某些活动。所谓“有事干活，无事练兵”，没有工作要干，也要把人们调动起来，进行培训、训练，就是因为无所事事是祸害之源。

巴纳德谈道，“**非正式的联系显然是正式组织形成以前所必需的一个条件。要使得共同目的能够被接受、信息交流成为可能、协作意愿的精神状态得以达到，都必须有一个事前的接触和预备性的相互作用过程。**”（P93）

还是通过例子来说明。某位空降的总经理，在上任的很长时间内几乎什么事都做不成，为什么呢？他认为应该遵守制度，按照规范行事，于是他按照自己的想法推动某些改革，每次提议都是在领导班子的公开会议场合，走正式程序，从不与人提前私下交流，从不做些预备性的工作，结果就是很多事情得不到支持，一些事情永远在讨论状态。在很多情况下，非正式的联系尤其是必不可少的环节，这是一种事实，一种状态，一种存在。很多董事会在召开之前，所有涉及重大表决的会议之前，可以看到重要人物都在某些团体里进行交流，这些预备性的接触作用很大，等到正式决议的时候，那已经是个必须要走的形式了。很多时候，往往是关键的几个人，通过非正式的接触就决定了一切。

巴纳德谈道，“**正式组织由非正式组织产生并且必须有非正式组织。但在正式组织产生以后，它们又创造出非正式组织并且需要非正式组织。……你阅读一个组织的组织图，设立许可书、规则和章程，或观察其至细查其中的人员，都不能理解这个组织或它如何工作。对绝大多数组织来讲，了解组织的诀窍是，了解其非正式社会的人物、事情和缘由。**”（P96－97）

前面简短的几句话，也许是对正式组织与非正式组织之间关系的最精确的描述。我们知道，人际关系学派的罗德里斯伯格等人在霍桑试验中发现了非正式组织，确切讲是绕线室试验中，他们发现工人中存在着限产行为，一个非正式组织能够影响工人们的产量，使得每一个人的产量控制在一个既不太多、又不过少的数量区间；同样在这个试验中，在正式的组织成员分组之外，人们工作之余跨岗位交流、活动，形成小圈子、小团体这类非正式组织，而且不善于人际交往的人被边缘化了，无法加入进来。大名鼎鼎的实验告诉我们正式组织中会产生非正式组织，这或许会给我们一种感觉，非正式组织都是由正式组织创造的。巴纳德做出了提醒——正式组织由非正式组织产生，起码从组织产生的源头来考虑，是这样的。任何一个组织产生正式的规则之前，正式组织产生之前，肯定离不开大量的非正式接触。

后面几句话道出了了解一个组织的诀窍——去了解它的非正式组织。在一个有深厚文化底蕴的企业，这种感觉会特别明显。比如，某老牌军工企业，一位领导者曾经说过这样一个故事，在该企业，谁最有权威？各个部门，甚至一把手，在很多事情面前，都未必有权威，企业内部人私下里吃饭的时候，那时坐在中心的才是真的权威，该企业的文化是“大家觉得谁最有本事，让谁坐中心，而不是依据官职大小。”对于从事咨询、调研工作的人来讲，为什么往往获得不了关键的信息，拿到手的都是大面文章？原因很简单，没有深入哪怕是一个非正式组织，或者没有对一些细小的蛛丝马迹予以关注，往往这些细小的蛛丝马迹是在非正式的情境下闪现的。在组织图和各种规章制度、公开报道中我们获得了无数信息，到头来可能一点用处也没有。

在很多情景下，琢磨一下非正式组织与正式组织间的相互矫正和互补作用，非常有意思。有时候，非正式组织有着奇妙的作用：有很多正式组织努力推行做的事情，被非正式组织调节于无形中；有很多正式组织做不成的事情，非正式组织却可以；如果正式组织错了，非正式组织会悄悄地向正确的方向调整；如果正式组织对了，非正式组织也许会弱化它。巴纳德提醒我们，千万不要忽视非正式组织，它不可或缺，甚至可能代表组织生活核心的秘密。

巴纳德还有段话值得分析，“**任何个人能够发生相互作用的人数虽然是有限的，但通过社会中人们之间关系的无限连锁的多方面发展，能够扩展到广大的地域和众多的人群中去，形成统一的思想状态，并结晶成为我们称之为风俗、习惯和习俗的事务。**”（P98）

这段话给人一种遐想，类似像“蝴蝶效应”这样的感觉浮现出来，一个人微不足道的活动能力，一个微不足道的非正式接触，在互动行为的无限连锁中，就会起作用，还可能起非常大的作用，这样一切非正式的活动都很可能具备有意义。这是再一次间接表明非正式组织的重要作用。我们必须佩服巴纳德对组织行为的动态刻画，他恐怕预料不到，他的后人已经将他的思想通过无数非正式的交流传播开来并贡献于社会。

至此，巴纳德已经将非正式组织的存在价值论述清楚。他进一步指出非正式组织的几个具体作用，包括促进信息交流的职能，通过调节人们贡献的意愿和稳定的客观权威来维持正式组织的凝聚力，以及保护个人人格。最后，还是用巴纳德自己的语言来结束吧，下面几段话能够帮助我们进一步理解非正式组织：

“非正式组织的最普遍的直接后果是形成了一些风俗、道德观念、民俗、习俗、社会规范和理想。”（P93）

“当人们并不在一个正式组织中或并不受其管辖时，仍然常常接触和相互作用。”（P91）

“非正式形成的习俗和经过正式组织精心制定的措施之间存在着分歧和矫正作用。前者适应于个人无意识的和非理智的行动和习惯，后者适应于人们理智的和经过计算的行动和决策。正式组织的行为比较而言是相当符合逻辑的。”（P93）

“社会由正式组织所构成，而正式组织则由于非正式组织而具有活力并受其调节。”（P96）

“非正式组织对正式组织是极为重要的，特别在信息交流方面。不仅对整个组织或最基层的下属单位是这样，对我们称之为管理组织的特殊单位也是这样。经理人员的信息交流职能包括维持作为信息交流重要手段的非正式的管理组织。”（P176）

“在个人进行选择的过程中，非正式组织实际上起着指导的作用；而在单纯的和原始的社会中，非正式组织是更明确的行为指导者。”（P81）

“一群乌合之众并不是一个复合的或简单的正式组织，而是一种特殊类型的非正式组织。只有当它有了正式的领导人才成为正式组织。”（P83）

第 12 章　决策的战略因素[①]

① 郭威，巴纳德组织理论解读：战略因素［J］，中国人力资源开发管理创新版，2013。该文 2013 年发表于该杂志，本书在原文的基础上做出修改。

“决策所要求的分析，事实上是一种对战略因素的探求。”（P159）巴纳德的这句话值得我们喝上一壶茶慢慢品，对于那些处于纷繁复杂环境中需要做出决策，做出了很多决策和行动，却感到效果甚微的人来讲，有必要好好理解一下战略因素理论，它给我们一种豁然开朗的思路。

探求战略因素到底是干什么呢？

对于实践者来讲，当面对外界铺天盖地的要求、机会、难题的时候，不是摆架子似的什么都做，是做那件在“点”上的事情，这个点上的事情不做，别的事意义不大；或者是当谋划一个大格局的时候，“下一盘很大的棋”时，每次下的那个子都落在关键点上，每下一子都恰到好处地推进了布局，使别的子有意义，没有废棋。

对于研究者来讲，面对浩瀚庞杂的理论，不是罗列知识体系，不是创造概念，不是为了创新胡乱联系，是正好找到了理论的要害，找到了假设不成立的地方，找到了很可能对理论的发展有作用的地方，找到了过去的知识和创造的知识可能的连接处，找到了理论大厦中需要添加的那一块砖。

如何理解战略因素理论呢？首先举些例子说明战略因素的妙处。

例如，一家公司业务的利润微薄，希望提高利润，经分析，产品的技术含量太低，只能徘徊在低端市场，提高产品的技术含量才能获得更高利润。这里，产品的技术含量就是战略因素。进一步分析发现，要想提高产品的技术含量，现有研发人员能力严重不足，引进高技术人才，才能研发出技术含量高的产品，这里高技术人才就是战略因素。再进一步分析发现，这个领域的高技术人才基本都年薪百万，这里是否提供百万年薪就是战略因素。然而，提供给引进人才百万年薪，公司现任的研发总监不同意，这里研发总监同意与否成了战略因素。

上面这个例子是做个单线的分析，现实往往没有这么简单，寻找战略因素的过程会更困难。还是上面的例子，换个分析角度，该公司利润微薄，产品技术含量低，只能占据低端市场，前面我们想到提高产品的技术附加值作为办法，现实中往往还有别的办法。提高利润还可以想办法改进生产能力，大幅降低生产成本，这样即使在低端市场也有利润空间。

再举个复杂一点的例子。一家工厂的生产出了问题，生产出来的产品难以满足销售部门的实际需求，当销售部门需要某种产品时，工厂经常不能按照需要的时间生产出来，同时，销售部暂时还不需要的产品有可能堆满了库房。考虑到销售部门代表了客户的要求，我们希望能够改进生产能力来满足产品供应需求，即我们的目的是工厂生产的产品能够满足销售的准时配送要求。带着这个目的来考察生产体系，我们发现，生产体系的整个情况不是按照拉动式生产的模式来设置的，每年销售部门会根据某个周期的需求预测哪种产品大概需要多少，生产部门据此进行采购、生产等活动。从整个周期来讲，生产没问题，都能完成任务，可是具体到某个时段，客户需要某种产品时，却可能还未生产出来。这个问题如何解决呢？第一种办法是扭转整个生产体系，从备货式生产往拉动式靠拢，按照具体的订单快速组织生产。然而深入考察一下，发现该企业的员工技能素质都很一般，且不喜欢变化，工厂里也没有懂得拉动式生产模式的高层领导。第一种办法虽好，奈何条件不成熟。第二种办法是对工厂的一些硬件进行投入，由于生产过程中的某些工序要共用几台贵重设备，贵重设备的数量不足，如果再买两台，可以提高些生产速度。可是这种设备极为昂贵，几百万元一台，维护费用高，厂家暂时拿不出这么多钱。所有类似于扩大场地、厂房和投资新设备的办法都可以归为第二种办法，由于资金的约束而无法这样做，或者如果这样做了，需要企业背负较高的负债。第三种办法是利用外部力量，找些外协厂家，厂区周边有加工同类产品的很多厂家，可以找几家代工，对于需求较为紧急的产品，外包给这些厂家去生产。这种办法也有弊端，一是成本上升，二是可能无法控制质量。

那到底怎么办呢？难道无法解决产销之间的矛盾吗？专业人员经过一段时间摸索，发现了重要的一点，厂内质量检验的方式是制约生产速度的一个重要因素。长期以来，质量检验部门一直是等待式检验，某批次产品生产出来后，抽样送到质检部，质检部门安排检验，由于各批次产品陆续送来，检验人员有可能先检验后送来的产品，后检验先送来的产品，这样导致客户当前需要的产品可能被推迟出厂。于是，该厂做出了调整，让质量部的人员配合生产，尽量采取走动式检验，下到车间里去，哪批次产品出来了，立即进行检验，并协调客户需求的先后顺序，优先检验最短时间内需求的产品。这样一调整，没有改变整个生产体系（短期内条件上困难），没有追加场地设备人员投资（资金约束），没有利用外包方式（减少自己的产能利用、质量难控制），只不过是调整了质量检验的方式，生产满足即时需求的能力就提高了，基本达到要求。这里，质量检验方式就是战略因素，它不改变，别的因素即使改变，可能不起作用，或者代价太大；改变了这个因素，问题就解决了，目的就达到了。

上面这个例子中，很多管理者可能做出错误的决策，通常最省劲的办法就是追加各种物质和人员投入，依靠资源投入提高能力。在很多约束条件限制，无法找到突破口的时候，我们可能干脆什么也不变动，暂时保持原状，带着问题往前走，也比胡乱找个地方就下手、简单粗暴地投入资源做事强得多。该例子多少说明，在实际中找出战略因素是件非常困难的事情，一个结果的原因可能是方方面面的，没有一定的专业能力，没有足够的经验，归根到底没有识别战略因素的意识和能力，我们往往只能在面上做事，难以直接找到要害。这时候再体会巴纳德的话，“决策所要求的分析，事实上是一种对战略因素的探求。”那种逐渐抓住要害的感觉就会慢慢浮现。战略因素是个探求的过程，往往是我们最终找到的、非改变它不行的因素，在此基础上，一做就对。如果找不到这个战略因素，可能怎么做都不对，不起作用，或做成事要付出很大的代价。

我们回到巴纳德自己的语言，在那种抽象、深刻却须臾不离现实的描述中去体会战略因素的意义。

巴纳德谈道，“**如果我们考察某一时间存在的任何一个体系、一组条件或情况的集合体，就会发现它们是由一些要素、部件或因素组成的。如果我们从（而且只从）实现一个目的的角度来考察这个体系或情况的集合体，就可以看出这些因素和部件分为两类：一类因素或部件是，如果没有了或改变了它们，而其他因素或部件不改变，目的的实现状况也会改变；另一类是其他的、不会改变的因素和部件。第一类常常叫作制约因素，第二类则叫作补充因素。**”（P159）

这段话的前面部分表达很清楚，为了一个目的，在一个体系中的诸多要素中，改变某个要素，可以帮助实现目的，这个要素就是战略因素（制约因素）。其余不变的因素就是补充因素，或者说对于那些其余不变的因素，即使改变它们，也不能帮助实现目标。比如，一个缺钙的病人，补充钙是战略因素，补充了钙，病就好了，补充多少铁、碘都不会治好病。例如，对于一个超高速发展、野蛮增长过度的企业，可能唯一的战略因素就是减慢发展速度，回头去补补课，而诸如多元投资寻找新利润空间、继续加强销售能力、投资生产体系、研发新品、给员工更高的工资福利等等，这些对企业看似非常重要的因素，无论怎样改变可能都无济于事，因为这些已经是补充因素，找不到战略因素，只改变补充因素不能解决问题。再如，有时候企业中很多人都看到了问题所在，人们已经停止努力，只有抱怨，“老板要是还这样下去的话，这企业没戏了。”这种表达很清楚，老板的观念改变是战略因素，人们已经尝试过很多办法，这些办法或者由于老板的制约无法实施，或者起不到大作用，这些办法就是补充因素。

可以想象一下，找不到战略因素到底有多可怕，也许我们经常做的很多工作，投入很大，很耗费精力，做这些工作显得人们忙忙碌碌的。然而，假如力气没有使在战略因素上，等于在做无用功。也许现实偏偏如此，很少有人找到战略因素，很少有人能够持续不断地找到战略因素。一些企业看似发展很好，也有一个赚钱的阶段，有朝一日大亏损回到原点，才明白基本都是在补充因素上下了功夫，没抓住战略因素。现实中，很多企业都走了这条路，不做基础工作、不注重研发投入、不注重建立组织能力、假装重视人才，空耗一场之后，还要回到原点解决早期没解决的难题。那些野蛮增长到中后期的企业，那些天天喊改革、没有一天不变动的企业，往往是这种情况，没找对该做的事，看似忙碌、努力、自我增压、新想法层出不穷，等于在做无用功。

巴纳德紧接上面谈道，“**此外，当我们集中注意于一种有限制的或辅助的体系或情况集合时，我们依据经验和知识会发现，这些情况不能满足目的的要求，因为他们缺少一些只有在更大的环境中才有的附加因素。这些因素也是制约因素。**”（P159）

这两句需要额外解释一下，它涉及将组织看作一个开放的系统。比如，困扰很多制造企业的用工荒问题，从单个企业的角度来看，有些企业已经倾尽了全力，涨工资、加福利、给予归属感、提拔到重要岗位、赋予极大的荣誉等等，提高生产运作能力以防止劳务工返工、窝工，做了可能做到的几乎所有的事情，然而，用工荒依旧是蔓延，还是会困扰企业，战略因素几乎不在企业控制的要素中，企业自己已经无力解决此事，必须放在更大的环境来看这个问题，此时，环境中的某个因素才是战略因素。也许战略因素是户籍制度，劳务工干多少年也无法成为一个有户籍的市民；也许战略因素是不断高涨的房价，劳务工想在工作城市拥有住所太困难，租金太高；也许战略因素是大城市的教育制度，劳务工的子女无法异地中高考；也许战略因素是劳务工群体本身的变化，二代三代进城务工人员有了新特点，他们有一定的经济基础，开始追求一定的生活品质，不再像一代那样能够吃苦耐劳、拼命干活挣钱养家；可能是大企业的用工方式问题，把人分为三六九等，一线人员从事最辛苦的工作，却得不到身份地位的认同，没有正式工的地位，只是劳务派遣或业务外包；还可能是针对大国企的工资总额政策，这迫使企业无法自主控制正式工的数量，造成对外来劳务工的依赖。所有这些，在某个组织之外，属于更大环境中的因素，此时是战略因素。如果是这种情况，企业找到战略因素后，如果能够影响环境，则会解决问题；如果不能影响环境，无法解决问题，但是意识到问题出在哪里，可以避免胡乱采取措施。

巴纳德凝练地指出，“**制约因素（战略因素）指在恰当的时间和地点，以恰当的方式加以控制，就可以建立起一个满足目的要求的新体系或一组条件的因素……有效决策的意义就在于：控制可变的战略因素，即在恰当的时间、恰当的地点，以恰当的方式、恰当的数量加以控制，以便恰当地在确定并实现目的。**”（P159－161）

恰当地控制了战略因素，一个“新”体系就产生了，这句话感觉如画龙点睛，一语道破天机，改变一个小的、关键的因素，可以实现目的的新体系就产生了。不断地找到战略因素并采取措施，我们就能不断建立做成事的新条件，就能渐进发育新体系，这些工作积累起来就可以实现目标。有效的决策就是围绕着战略因素做文章，也正是在这个过程中，一个“活的”组织呈现在面前了。

战略因素这个概念并非巴纳德原创，他借用了康芒斯《制度经济学》中的制约因素概念，扩大了其使用范围，制约因素就是战略因素。逐句去理解巴纳德和康芒斯的表达，战略因素的含义会渐渐浮现，下面是这两人的一些论述，对于深化对战略因素的认识大有帮助，值得逐字品味：

巴纳德说，“**战略因素这个词表达了分析者相对变动的立场，表达了决策的主观方面同发展中的客观领域的相互作用。**”（P160）这句字数不多的语言，需要放到更大的框架下去理解。

巴纳德讨论战略因素理论，对其理解的基础是对决策的理解。巴纳德认为决策行为包含道德因素，这是主观的愿望和标准，还包括了随机应变因素，即任何行为都必须在当时、在当时的条件和手段下进行，这是客观事实领域。后来，西蒙在此基础上提出决策的前提——价值前提和事实前提。

举例来讲，一方面，企业组织在面对市场选择时，必有主观愿望，有的主观愿望是提供顶尖质量的产品服务，有的主观愿望是提供质量合格的产品服务，还可能即使很烂的产品质量都可以。另一方面，市场中的消费者同时在那里，有的对产品服务挑剔，有的合用即可，有的则无所谓，因此，组织的决策，它探求战略因素的分析过程，必然包含分析者变动的立场——“我要如何？我要坚持什么？”同时，决策的这个主观方面同发展中的客观领域相互作用。比如，如果市场消费人群对品质要求越来越高，此时，分析者长期以来无论怎样忽视提高产品质量，都必须注意消费者在质量要求方面的趋势了，这导致分析者的认识可能改变；反之，如果组织的决策者倾向于高端产品路线，但是市场上的消费者要求并不高，此时可以想办法影响消费者的想法，向他们宣传高质量产品的好处，给他们一种体验、一种感觉，客观环境也可能变化。这就是所谓的相互作用，主观方面和客观领域的相互作用，每个因素都可能变，是一个动态过程。

巴纳德还指出一个要点，“**始终存在着战略因素这一事实常常为人们所忽视。这是由于所要求于个人或组织的行为常常似乎很微小，比起分析情况或体系所要求的努力要小得多。……所以，战略因素的确定本身成为使目的变到新水平的新决策，使得在新的形势下必须去探求新的战略因素。**”（P160）

前面一句的提醒非常重要，人们往往忽视战略因素，因为找到了它，在那个关键点上，很可能采取个微小的行动就解决了问题，比起分析整个情况，似乎微不足道。举例来讲，现在管理咨询行业经常有这个现象，某家企业需要做个战略项目，帮助企业找到适合的战略方向和路径方法。如果我们直接指出几点要害，果断放弃低端市场、清理现有库存，集中资源和精力扩大高端市场占有，为此，逐渐加大研发设计投入，为此，投入些钱挖几个技术人员过来，这本来是抓住要害问题链的一组战略因素。可是如果这样做咨询项目，客户有时反而并不认同，“就这么简单?”总觉得仿佛太少了。如果咨询公司换个做法，派驻一批团队，用些专业化数据采集和分析工具，提出一些模型，搞出几百页的咨询报告，数百页的 PPT，讲出无数道理，云山雾罩高大上。此时，也许没有一个结论抓住要害，没有准确地抓住战略因素，客户却偏偏满意，认为很有深度，很有高度，做了大量工作，值得肯定。前者基于思想、对理论的深度理解和对行业、企业的深度了解，提出几句关键要害，找到了真正的战略因素，人们往往认为这很微小，没做什么；后者工具模型一大堆，把相干的、不相干的，企业上上下下，行业里里外外，环境方方面面，所有这些蜻蜓点水点了个遍，人们往往觉得这个重要而专业。人们愿意付钱给看上去努力很多、很高深的做法，这推动了各行各业的专业表演和面子工程。即使是维修设备这样的具体技术活，维修工把设备拆开了散落一地，满头大汗费尽周折才找到问题，更换昂贵的配件，这种情况下人们愿意多付钱；同样的设备问题，如果一个专业的维修者迅速判断了问题所在，简单拧紧了个螺丝就解决问题，人们反而不愿意多付钱。各种专业领域中，此种令人痛心的现象比比皆是，高手快速找到问题症结，手到病除，却得不到重视；庸人找问题，经天纬地、谈天说地、专业工具模型一大堆，可就是找不到问题，处理起事情来投入大、过程复杂，偏偏却被重视。这就是巴纳德说的，找到战略因素有时看似很微小，比起分析整个体系、比起用更笨的方法扰动整个体统，看上去行动小得多。

巴纳德这句忠告，给人一种“百万军中取上将首级”的痛快感。只需这一个行动，问题解决了，解决了该解决的问题，能解决的问题。之后，可以产生新目的、新体系，有意义的新决策也得以继续产生。这段分析，完整地展现了巴纳德的思维量级、深度和细微程度，还有他的善意，没有他的忠告，我们很难理解得透彻。

康芒斯的论述同样有力，“**但是，制约因素和补充因素是不断地在变换位置的。制约因素一旦得到控制以后就成为补充因素，于是另一个因素成为制约因素。……能率（效率）的意义就在于——在恰当的时间、恰当的地点，以恰当的方式、恰当的数量控制可变的制约因素，以便通过补充因素的预期作用扩大总生产量。**”（P160－161）

康芒斯是动态思维，巴纳德确实是理解了他的理论后才把决策的战略因素解释清楚。企业作为一个不断变化的组织，环境在变，组织成员的行为也在变，没有任何资源是长期的制约因素，也没有任何行为是长期的制约因素，制约因素和补充因素在不断变换位置。

例如，针对一个高技术团队，某个情境下，可能激发他们工作的制约因素是收入高低，这里“钱”是制约因素，于是企业给他们不断提高待遇。但是，随着时间的推移，当团队成员待遇非常高的时候，“钱”可能不再是制约因素了，以前作为补充因素的实验条件、团队氛围、发展机会等，此时可能变为制约因素。再举个理论研究的例子，美国学者赫兹伯格提出了双因素理论，他指出，成就感、上级的认可、工作本身、进步这些因素是真正的激励因素，能够提高人们的满意度，而诸如公司政策、监督方式、工资待遇、同事关系这些因素是保健因素，只能消除人们的不满，不能起到使人满意的激励作用。这些被分类的各种因素，到底哪种、哪个因素能够激励人呢？如果按照赫兹伯格的简单分类，我们在现实中就会遇到困难，工资待遇通常能够成为激励因素，他怎么归类为保健因素呢？有时候我们向基层群体提成就感、认同，他们为什么不能被激励呢？这时利用康芒斯、巴纳德的战略因素、补充因素的分析方法，一切就都明白了，赫兹伯格的分类只是针对某种特定群体的一个规律，当我们实际解决问题的时候，要有动态战略因素思维才行，否则就是教条式地应用管理理论。康芒斯还告诉我们，解决老问题的制约因素一旦被控制后，就成为补充因素，我们需要再找新的制约因素，以便解决新的问题，这也是巴纳德告诉我们的决策过程，决策是一个连续变动永无休止的过程。

康芒斯对效率的理解同样精准到位，不仅仅是投入产出比的概念，那只是技术经济体系从资源角度的衡量。在康芒斯看来，提高效率就是恰当地控制可变的制约因素（不可变的因素不起作用）。巴纳德曾经借助能率概念，超越了生产体系之外的讨论，是组织的能率，他主要关注成员的贡献意愿，这个在能率一章有所讨论。这两个人的思维早就超越了资源层面，早就到达能力和行为层面，早就通透到看不见的事物。

康芒斯还谈道，“**但是，人们为了自己的目的，从复杂的事件中选择制约因素。如果他们能够控制制约因素，其他因素就会产生预期的效果。原因是对制约因素或战略因素的有意识的控制——结果是补充因素的作用。**”

康芒斯告诉我们，如果不能控制制约因素，那么其他因素无法产生预期效果。最后一句话非常有含义，达到目的，其原因是控制住战略因素，结果是补充因素的作用，这是什么意思呢？一个有关鲁班的传说很说明问题，鲁班以普通老人的形象到一个造桥的工地找工作，人家收留了他，看他老，没分配什么具体任务。鲁班一直雕琢一块大石头，直到桥造好的那一天，桥中心有个奇形怪状的窟窿，怎么也填不平、合不拢，鲁班就把那块雕琢得形状怪异的石头往里一放，严丝合缝。鲁班雕的那块石头就是战略因素，这是因为这块石头的作用是填补了奇形怪状的窟窿，而整个桥的其他部分是补充因素，补充因素的作用是桥建成了。

管理所面对的是一个纷繁复杂的世界，有很多因素作相互用，对于一个结果，我们很难判断到底是什么因素发挥作用导致的，销售额大幅增加了，原因到底是什么呢？找到那个最本质、使得别的因素起作用的战略因素，这是管理者的困难任务。巴纳德建立组织理论，提炼出组织管理的核心要素，正是帮助我们建立一个简练清晰而不失要点的分析框架，依靠这个分析框架，管理人员得以在多因多果动态变化的复杂世界里寻觅到些许脉络。但是，巴纳德又提醒我们，企业人在现实中的具体行动，不是每天用什么框架进行没完没了的分析，他需要找到战略因素，找到问题、解决问题。

“**战略因素决定着支配性的行为。支配性的因素不是所缺的要素，而是能够获得所缺要素的行为。确定需要做的行为的第一步是，确定什么要素需要改变，或缺少什么要素。不论是在商业交易、政治活动、机械操作、化学化合、科学实验，或其他有关实现意图的领域，决策都同**

行为有关。”（P161）

这段描述中，巴纳德点明了组织研究的对象，也点明了组织的本质构成，是行为，是人的行为，不是现象层面的要素，我们需要人的行为去改变要素。表面上看这些要素是战略因素，实际上针对这些要素的行为是战略因素，所要做的“事”才是战略因素。一家企业缺少资金，资金是表面上的战略因素，实际的行为是在考虑到各种解决方案后所选择的行动方案。行动可以是减少资金缺乏的动因，比如缩减规模，减去不必要的开销，或者从外部的某个渠道获取资金，或者加速资金的流动速度等等。

巴纳德这一段有关决策的论述，还可以提醒我们很多事。为什么西蒙借助决策理论，能够在行为研究、计算机科学和认知心理学方面有那么大的贡献，正如巴纳德所言，所有这些领域，其决策都同行为有关，换个角度理解就是，不能仅仅与资源要素有关，行为是使资源要素“动起来”的驱动型因素。而且，西蒙所说的管理就是决策这句话，也值得再进一步思考一下，管理确实是决策，那么，科学实验、各种工程性的专业活动，不也需要决策吗？后者这些决策活动，显然不是管理活动。

巴纳德还谈道，“**战略因素是决策环境的中心，是进行选择之处。做或不做这事，这就是问题之所在。常常存在着几个试探性的战略因素，每一个都适合于当前的情况或满足当前目的的需要。这就扩展了较远未来的视野，扩大了客观的领域。最终的战略选择是在估计到遥远未来的结果的基础上做出的。**”（P161－162）

这段话显示出一贯的美感，当我们终于对战略因素有了点理解，他又要带我们进入扩展的思考。决策的客观环境中，战略因素处于中心位置，针对战略因素是否采取行动，做与不做的选择就是问题所在，这种描述使得任何一个做事的人有种体验感。这段话后面紧跟的描述则开始探讨进一步的问题。

我们都会面对这样的困境：在一个确定的目的面前，有若干种实现手段，有若干个可选择方案，该选择哪个方案呢？例如，在现有业务基础上，企业要进一步发展，管理者该如何抉择呢？一种方法是加大销售投入，配合扩大产能，在现有产品技术和服务体系上收获更多利润；一种方法是持续投入研发能力建设，依靠不断提升技术、产品升级，将业务提升至附加值更高的市场空间；或者主要在生产体系上下功夫，依靠生产能力提高，降低成本、保证质量；还可能搞品牌运作，将企业整体作为一个产品，适度包装，借机与产业链上更大的企业合作……这每一种路径和着力点都有道理，我们如何选择道路？如何优先配置？

巴纳德告诉我们，抬头看看天——战略选择是在估计到遥远未来的结果的基础上做出的。如果对未来没有什么特别的期待，眼下挣到钱就好，那么可能在销售上多下点功夫，收割利润；如果希望成为定位在高端、高技术含量的企业，显然要矢志不渝地投入研发，重视技术积累，抓住科技进步的潮流；如果考虑到环境约束，研发、市场两端都不容易深化能力，那就去强化生产体系，踏踏实实在产业链的生产环节降低成本；如果没有长远做企业的打算，只要赚钱，做什么都行，可以学习企业玩家，借助资本市场的力量，把企业做到一定程度卖给需要它的大公司。巴纳德这是告诉我们，一般从短期来讲，会有几个选择都可以成为战略因素，这会造成选择困境，那么可以尝试看看长远，在较远的未来希望组织成为什么样子，这会帮助我们在几个可能的战略因素中做出选择，因为各个符合短期要求的战略因素，从长远一考察，就可以排除掉一些，筛选出适合的那个。

巴纳德的这种扩大客观领域的视野，触及一个理论命题。西蒙在决策理论中都提出，人的认知能力有限，不可能穷尽所有事实，不可能穷尽所有备选方案，人们在备选方案中选择的是次优解，而不是最优解，这是有限理性假说的基础，巴纳德在决策理论中也表明了这种思想。不过，还有一个问题，即使是寻找次优解，即使是在有限的几个备选方案中，还可能存在难以判断利弊得失的问题，我们到底选择哪个？西蒙的思路仿佛是借助决策技术和数量工具多一些。西蒙的能力能够驾驭这个局面，可是绝大多数研究者和企业决策者可以驾驭吗？我们看到后来太多的人沿着数学工具的路数一路发展下来，这方面取得了巨大的突破，尤其是借助信息技术系统的帮助，很多数量问题迎刃而解，提高了决策能力。但是，同样是这一科学理性、偏重数量工具的分支，更细分的发展领域表现差异很大，有的甚至陷入了琐碎无聊的计算，跟组织与管理基本无关的计算，这种计算在假设链条上延伸两三个次级层级就不灵了，一个连着一个设想建立在浮云上。管理世界的边界条件不稳固，假设的条件复杂多变。假设链条上的条件一旦发生变化，假设即无法成立，那么，更次级的假设和计算就毫无意义了。

这时再看巴纳德的思路，仿佛一条简单有效的光明之路，你只需看看较远的未来，更远的未来，遥远的未来，延伸一两个时间、空间层级，按照目标体系的引导，应该走的那条路早就清楚了，这大大简化了决策的过程，或者说提高了决策的能力。为什么有时候我们思考不清楚走哪条路时，只需具有洞察力的人，一句话即可点出“要做什么，不做什么”。为什么复杂决策在某些人面前很简单，就是因为基于战略因素的思考，基于在更遥远未来的基础上反向寻找战略因素。将短期要求与长期要求结合起来的选择，便在此处体现。综合来讲，在决策技术上发展能力和扩展到未来的思考，都不可或缺。前者依赖技术能力，需要数量工具，在决策边界假设可控的情况下起作用；后者依赖概念能力，需要深度思考，在事实前提不大清楚、决策的前提边界比较模糊、决策涉及的问题重大而深远的时候尤其起作用。

还有一个小问题需要说明。有人认为巴纳德对战略管理理论有贡献，是最早研究企业战略问题的学者之一，这种判断似乎不大准确，巴纳德的战略因素理论与当前的战略管理理论是两回事。巴纳德只有一本著作《经理人员的职能》和一本补充的论文集《组织与管理》，从来没有单独谈过现在的战略管理问题。现在有关战略的理论，例如，波特的竞争战略，五力模型，低成本、差异化和聚焦战略，围绕着竞争对手和顾客的需求展开，对环境机会的思考比较多①；普拉哈拉德和汉默尔的核心能力战略，对自身能力的认识较多②；还有一些分析工具，如安索夫矩阵、SWOT分析、波士顿矩阵、GE矩阵、麦肯锡模型等。这些都不是巴纳德所说的“战略性素”。尽管巴纳德注重组织的环境因素，认为组织不稳定的根本原因来源于外部环境因素；尽管巴纳德对目标的讨论，对决策的分析，都会启发我们考虑组织与环境之间的相互作用，引导我们向具体的企业战略靠拢；尽管他注重组织内部的调解过程；尽管他后来提出顾客也可以视为组织的成员，将组织的边界扩大到一切协作活动的参与中；尽管他有意识地将组织视为一个“活”的社会系统，提出复合组织的概念。但所有这些并不直接与现在战略学派的讨论相关，而是间接相关，战略学派的先驱者之一安德鲁斯曾经说过，“我们这些人将沿着巴纳德的指引继续前进”。巴纳德考虑的是一个组织存在，一个组织持续存在的根本命题，所有稍微相对策略环节和单独功能的问题，他基本不会去触及。他不谈企业具体战略是什么，更不触及如何制定战略的问题，他不讨论营销、生产、研发、人力资源等这些更接近应用的子问题，不讨论如何做这些事，这使得他的组织理论更为简练珍贵，都是纯美的内容。

至此，希望我们已解释清楚巴纳德的战略因素理论，这是他决策理论的一部分。巴纳德有关决策的理论，还包含很多宝贵的内容，建议扩展阅读其原著中的内容。下面让我们进入“领导”。

---

① 迈克尔·波特著，陈小悦译，《竞争战略》[M]，北京，华夏出版社，2005。
② 普拉哈拉德和汉默尔（1990），“公司核心竞争力”[J]，哈佛商业评论。

第 13 章　领导[①]

① 郭威，巴纳德组织理论解读：论领导（上）（下）［J］，中国人力资源开发管理创新版，2013，2014。该文 2013 和 2014 年分为上下两部分发表于该杂志，本书合并了这两篇文章，并在原文的基础上做出修改。

巴纳德在其著作的最后一章讨论“经理人员责任的性质”这一命题，让人有一种惊喜感。之前有关组织理论的所有内容都偏向于一种系统思考，偏重于一种整体性的感觉，从现象要素到本质要素，由本质要素的相互作用形成系统，系统中的决策行为和管理过程，其基本脉络如下：

从个人出发，将个人视为具有自由意志的、有限选择能力的个体，个人的重要特征是活动；

将协作体系视为一个包含了各种资源要素的体系，包括物理、生物、心理和社会因素的协作体系；

进而提炼出组织的本质特征，两个以上人的有意识的协作活动或力量组成的一个系统，一个人的协作活动组成的系统，这个系统是存在于协作体系之内的一个看不见的系统；

正式组织的存在有三个充要条件，共同的目标、协作的意愿和信息的交流，为了持续存在下去，组织必须有效果和能率；

继而谈到了复合正式组织的结构和非正式组织的作用，以及正式组织的专门化、诱因、权威、决策几个要素；

进一步谈到了管理的职能和具体的管理过程。

至此，整个理论给人一种强烈的体系感，一种结构性的整体框架，一个动态过程，一个看不见可感知的系统，深邃严谨之余，仿佛还缺点什么，缺少什么呢？已经不缺少人的问题了，无论是自由意志，还是人的贡献意愿问题，都表明已经把人的特征和需求考虑进去，没有机会再质疑巴纳德忽视人的问题了。到底缺少什么呢？似乎有些概念所代表的事物没有单独触及，比如，道德、伦理、价值观、信念、理念、精神，这些事务存在于组织的哪里呢？如果巴纳德没有谈及这些，那么他的组织理论就仿佛是一部没有精神力量的机器，或者是一个行尸走肉般的活体。

是的，至今，巴纳德尚未触及组织的“灵魂”，也没有说明由谁来采取什么行动去管理组织的灵魂，尽管他在阐述目标和决策等问题的时候稍微带到了一点道德因素。在最后的部分，高潮还没有过去，又一个高潮来了——经理人员责任的性质，正是要触及组织的灵魂问题，赋予其精神属性，有了这个画龙点睛的一笔，组织活了，活得有意味了。用当下的词汇，巴纳德这部分是在谈论领导和组织文化，讨论领导力的本质。

经过后人努力挖掘、提炼概念，我们终于从概念上区分出领导者与管理者的区别。在重视“人”的这种易于观察体会的视角下，在心理学的不懈努力下，在经验学派的推动下，后来有关领导力的研究走向了几条道路：包括领导者的素质、能力、才华、个性等这些某类人的特质；某种领导行为与特定效果的关系；情景领导，在什么情况下应该有怎样的领导行为；以及变革领导力等类似的实用问题。这些研究非常有益，便于我们应用，丰富了领导研究的内涵。然而，归根到底这些研究远离了巴纳德带给我们的组织视野，很少有人能够放在一个组织的角度去考虑问题，放在一个有目的的协作活动关系的角度下考虑问题，久而久之，似乎领导不再是组织的某种功能了，变成了一种独立存在的东西。那么，领导到底是什么？领导者到底是什么？领导与领导者之间又是什么关系？

1. “领导”发挥作用的情景

巴纳德谈道，“**结构特点的模糊和作用要素的难于掌握，通常会使人把领导作为人的协作中最重要的因素。物的环境和人的生物构造的制约，协作成果的不确定性，对目的的共同理解的困难，组织的必要的信息交流体系的脆弱性，个人的分散倾向，为了树立协调的权威而得到个人同意的必要性，为了使人拥护组织并服从组织要求而进行说服的巨大作用，动机的复杂性和不稳定性，永无休止的决策负担。**”（P202－203）

巴纳德随手写了一些情景，不经意间指出，在什么情况下需要发挥领导的作用，以及为什么需要领导。我们按照巴纳德的线索分别用例子解释领导需要发挥作用的情景：

（1）物的环境和人的生物构造的制约。例如，当一个团队在执行艰巨任务时候，需要在一个狭小封闭空间内，在高温状态下完成焊接工作，一方面环境很差，高温作业工人身体消耗很大；另一方面如果在规定时间内不完成任务，整个产品生产就会拖期。这时候，领导行为能起到激励作用，如果班组长、作业长带头执行焊接任务，下面的工作人员就会积极努力去完成困难的工作。

（2）协作成果的不确定性。例如，很多情况下，人们对于不确定能够做成的事情犹犹豫豫，当企业决定投入大笔资金去攻坚一个技术难题，可能成功，也可能失败，现实情况是要有很多技术障碍需要突破，这时候有人会质疑，这样做对吗？万一失败怎么办？即使突破了技术难题，还会不会遇到其他困难？等等。这时需要发挥领导行为的作用，要么给团队一个信心，要么给一个无论如何必须要做的信号，要么提振大家，即使难以估计结果的得失，但只要做了就会有益处。

（3）对目的的共同理解的困难。例如，人的经历不同、理解层次不同也会造成对目的背后的意义有不同的解释。为了一个小项目，公司投入了巨大的人力财力，总负责人的理解是看到了服务对象的可能潜在合作机会，通过超值服务做好一个小项目，为今后合作铺路；高级技术人员也许理解为决策失误，如此一件小事却派他这样的技术骨干，做起来没意思；一般员工也许就理解为要做个项目，按部就班做事，仅此而已。处在组织不同位置的人，在一个目的面前，理解也会截然不同，假如企业定下明年要提升产品研发能力，同样是研发人员，产品型号开发人员可能理解为要研发出新品，扩大新品种类，产品工艺设计人员也许理解为改进工艺，扩大现有产品产出效率。这时候领导行为就有必要了，把目的的含义定义清楚，用形象清楚的方式表达出来，大家才知道协作的方向。但最大的理解困难在于难于找到共同目的，这就是巴纳德的名言，“共同的目标是客观的，尽管对它的解释是主观的。”无论组织成员对目的的理解一致与否，无论由单个人还是群体提出共同目的，那个客观的，存在于组织与环境交互界面的目的在那里，它不仅由组织成员界定，还由外界环境决定，比如，通常将企业的目的设定为利润最大化、股东权益最大化，但顾客未必买账，一组相关利益攸关者未必买账。面对这些问题，领导者就必须发挥作用，引领大家去寻找目的，引导大家对目的有一个可以相互理解的解释。

（4）组织的必要的信息交流体系的脆弱性。例如，很多组织经常依赖于关键岗位的某个人，这个岗位处于中心地位，与多个方向、多个岗位发生联系，然而一旦这个岗位上的人由于某种原因不能到岗，整个信息交流就会垮下来，人们都在等待，这时候领导的主动作用就有意义了，主动去建立联系，主动去创造弥补措施。再有，一个大规模的层级组织，基层的信息和跨部门的信息往往难于相互传递，受制于权力指挥链的统一指挥原则约束，领导行为就是在必要时打破这些条框约束，让必要的信息到达必要的地方。

（5）个人的分散倾向。例如，所有组织都有分散倾向，每个人都有自己的目的意愿，都愿意按照自己的想法做事，创业企业的几个主要人物可能都有自己的发展方向，团队内每个人可能都有自己要发挥作用、引起关注的愿望，这时候，能否把大家拢到一起，能否让大家一条心，能否在意见不一致的情况下还能促成合作，这也是领导要发挥作用的地方。

（6）为了树立协调的权威而得到个人同意的必要性。例如，长官意志、粗暴指挥的最大特点是用权力来压人，无论人们理不理解、愿不愿意、面对何种现实难题，权力拥有者的个人意志决定一切，“我官最大，我说了算。”这样不但权威难于树立，而且权威会落空。领导行为可以通过沟通交流，通过了解权威接受者的状态，他能否理解指令，存在什么困难，个人意愿如何等等，在考虑了这些情况之后，再行使必要的权威。

（7）为了使人拥护组织并服从组织要求而进行说服的巨大作用。例如，当组织个体成员必须牺牲掉一些眼前利益来换取组织前途的时候，领导行为的作用就体现出来。比如，企业要到非洲、中东的一些地区发展，人们习惯了国内的稳定日子，谁也不愿意长期出国在外，不愿意到自然条件恶劣、局势动荡、文化差异大的地方去，这时候需要说服、鼓劲，需要劝导。

（8）动机的复杂性和不稳定性。例如，制造业最基层的劳工，我们往往认为他们最需要的是钱，多给钱就能满足其需求，但在很多特定的工作情境下，他们可能有进一步的需求，希望有长远保障，在组织中有平等的身份待遇，希望参与一些决策，希望发挥自己的创造性，可有时我们给予他们后面这些因素的时候，钱的因素又成为他们关注的焦点。从需求转化为动机，还要有触发因素，人的需求的多样性和难以控制的诱因都使得我们很难把握人的动机。领导行为的作用就是在了解动机复杂性和不稳定性的基础上，找到此时此景的诱因，提供适当的激励。

（9）永无休止的决策负担。例如，一般情况下，越是高层的领导者越会面对数量更多的决策和更难于做出的决策，尤其当面对相互冲突要求的时候，面对相互冲突的道德价值观的时候，如果现实难于把握，如果未来的可能结果无法估量，如果无法掌握足够的事实，这时就需要领导者担当起来，做出选择，这是一种巨大的压力。

2. “领导”的作用

在上面谈到这些情景后，巴纳德紧接着指出，“**所有这些组织要素都是道德因素的具体表现。这些都使得领导成为必要，即必须通过信念来鼓舞人们做出协作的决策的个人力量。这些信念是：共同理解的信念，可能成功的信念，个人动机最终能够获得满足的信念，客观权威正在确立的信念，共同目的比参加组织的个人目的更优先的信念。**”(P203)

这段话直接指出了领导的重要作用，领导与组织的道德因素相联系，以及领导需要在哪些领域设立信念。这里有一个重要概念，组织的道德因素，什么是道德因素呢？我们可以理解为组织的价值观、理念、信念、精神这类的事物。西蒙认为决策有事实前提和价值前提，我们可以把道德因素近似等同于价值前提。由于多年来管理领域词汇的变化，加之翻译的原因，道德因素这个词现在不常用。

在强调了领导的重要作用之后，巴纳德又话锋一转，“**可是，如果把领导、道德因素看成是组织中唯一重要的或有意义的普遍因素，那就如同把协作的结构和协作的过程看成不要领导也可发挥作用一样，是不**

对的。两种看法都是同推理和经验不符合的。有目的的协作只有在一定的结构性的限度内才可能实现，是由所有做出贡献的人的力量产生的。协作的成果不仅是领导的成果，而且是整个组织的成果。但是，如果不树立信念，没有触媒使人的努力的活生生的体系持续不断地交换力量和满足，这些结构就不能存在，它们通常就不能产生，就缺乏活力，就没有持久的协作。创造的过程是协作而不是领导，但领导是各种协作力量的引爆剂。"（P203）

这段文字给我们一个完整认识，结构化的协作过程需要领导行为的指引，二者缺一不可，扩大到更大的话题就是组织与人的均衡问题。

某些情况下，强调领导的作用容易引起共鸣。现实中，尤其在组织能力不够发达的情景中，很多社会组织的良好协作往往更依靠领导者个人信念和方向的引领，至于建立一个结构完善、运行顺畅的组织并不那么重要。通常认为，方向路径清楚后，剩下的就是人的问题了。这句话隐含的意思是，建立组织大概就是人们团结在一起即可，没有涉及巴纳德所强调的那种对组织的深度理解。而且我们往往把领导和领导者混为一谈，通常提到"领导"这个概念，往往指那些职位高高在上的人，"单位的领导者说了算，"这些话表达的意思是某种人、某个人；我们一般假定居于上层职位的人一定是带头的、说了算的、树立信念的、指明方向的。遇到困难的时候，我们依赖领导者，要做些新事情的时候，要依靠领导者，领导者也早习惯了这种依赖依靠，甚至将之视为权威的来源。典型的一些场景是，能拍板、说话算数的人不来，所有的交流讨论共识都是白费，无法决策；当一个巨大的任务看似不可能完成的时候，大量工作不可能按时完成的时候，只要有位强力的领导者到现场督办，事情就会神奇般地做成。

巴纳德所建立的是完整的组织理论，他的领导概念是为组织树立信念这种行为，这种活动，由这些行为、活动支撑起组织的一种功能。需要特别指明，巴纳德这里提出的所谓“领导”概念，并非指某种特性的人，不是指“领导者”，而是指一种特定性质的活动，一种特定性质的行为，可以视为组织的一项功能，即树立信念，树立组织的信念。领导者会承担更多领导行为的责任，但领导行为未必一定从领导者发出，任何组织成员都可能产生领导行为，领导者也可能不产生领导行为。

3. 领导与组织的存续

触及领导的责任，领导的本质之前，我们沿着领导的作用，继续认识一下领导与组织的关系。客观、本质、系统、严谨、深刻，巴纳德冷峻的刻画甚至带来令人望而生畏的感觉，突然，在谈论领导的最后部分，他又带我们看到了活生生的人，人的道德属性，人的价值选择，给我们一种希望，一种理想，一种静水深流中的激情。面对巴纳德的高尚，一种肃然起敬的感觉油然而生。

我们借助巴纳德自己的表述来体会，这几段文字存在于“领导与协作体系的发展”一节内容中。这段内容实在是太好了，无法割舍。如果读进去了，放在其组织理论整体性的体会下，突然遇到这段文字，有种从静水深流到热血沸腾的感觉。这些文字，不用解释，自会闪光：

“短期利益、直接目的、瞬间冲动可以把各种新的和旧的手段组合起来；如果只涉及眼前的、物质的需要，个人自我生存的要求常常可以通过改变这些组合来得到满足。但是，组织存续的长短却同支配着这种长短的组织道德的高低成正比例。这就是说，预见、长期目的、远大理想是坚持协作的基础。”（P221）

“组织存续时间的长短取决于领导的质量，领导质量的基础是组织的道德性。道德性的高低决定着领导的质量。即使在最低级的、最不道德的组织中也必须有高度的责任感。但是，如果同责任感有关的道德性是低下的，那么组织就是短命的。如果道德性是低下的，领导不能长期维持下去，其影响力很快就会消失，不能产生后续者。”（P221）

“当领导者个人的道德准则同组织的道德准则不一致时，领导者却常常可能认为是一致的。他可能不知道环境所必需的组织准则，未能客观地看到这些准则。他可能把一种纯粹个人的动机看成是组织的目的。在这些情况，事实就破坏了他的责任感，他的领导就会失败，他不再能创造，他陷于目的同环境的矛盾之中，不诚实腐蚀了他的影响力。”（P221－222）

“组织道德准则的建立是克服由个人利益或个人动机产生的离心力的精神。如果没有这种最高意义上的领导，即使短期地克服各种内在的困难，常常也是不可能的。”（P222）

“领导不会取消自然法则，也不会代替协作所必需的各种要素。但是，它是使共同目的具有共同意义的不可缺少的社会的本质存在；它创造的诱因使得其他诱因发生效果；它使得变动环境中的无数决策的主观方面具有一贯性；它鼓舞起来的个人信念使得协作所必需的强大凝聚力得以形成。”（P222）

“经理人员的责任就是领导者的能力。这种能力反映主要不是由领导者决定的态度、理想、希望，它们把人们的意愿结合起来，去实现超越于人们的直接目标和时代的长期目的。即使这些目的是比较低级的，时间也是比较短的，人们的短暂的努力也成为有生命力的组织的一部分，超越了没有人帮助的个人的力量。而当这些目的是高尚的，许多时代的无数人的意愿结合在一起时，组织就将永久地持续存在下去。”（P222）

“持续存在的协作的基础是道德性，而道德性是多元的。它来自全世界并可能扩展到全世界；它深深地根植于过去而面向永远的未来。当道德性扩展时，必然会更复杂，所包含的冲突会更多而更深，所要求的能力会更高，理想实现的失败必然会更具悲剧性。但是，领导的质量、其影响的长久性、有关组织的持续性、所引起的协调力，都表现着道德抱负的高度和道德基础的广度。”（P222）

4. “领导”的责任

巴纳德指出，“**担任经理职位的人，（1）有着复杂的道德准则，（2）需要有高度承担责任的能力，（3）处于活动状态，因而需要具有（4）作为一项道德因素的一般技术能力和特殊技术能力。这意味着需要具有（5）为别人制定道德准则的能力。**”（P213－214）

（1）担任经理职位的人有着复杂的道德准则

这涉及巴纳德讨论过的人在组织中的双重人格问题，个人人格和组织人格。每个人都有一个个人人格，这是由其个人道德和偏好决定的，是主观的；同时每个人还有一个组织人格，这是由其在组织中的身份地位决定的，是组织加于个人身上的，是组织任务、岗位工作对个人的客观要求。在一个较高职务上有着比较长职业经历人，就会更深地体会到个人人格与组织人格同时存在的情况。

巴纳德谈道，“**每个经理人员都有着一些同他的职位无关的个人的道德准则。当他担任起经理人员职位时，立即就会加上一些附加的准则，即他的组织准则……组织准则本身大体上是由无形力量、影响力、习惯做法产生的，必须作为一个整体来接受。各个组织由于其地位、目**

的和技术的不同，导致其准则也是大不相同的。”（P214）

举例来讲，一位销售部门的经理，他有自己的道德准则，如诚实、尊重长者等，这些都是他个人的，是他的个人人格，与销售经理职位无关。当他承担销售经理职责的时候，附加的组织的道德准则就会产生，比如，他必须适当地选择词汇描述产品，甚至为了达成销售要有些夸张虚构。再如，公司给了销售部门巨大的销售压力，他必须给下属施加很大压力，无论下属是不是被这种压力搞得很紧张。这些都是组织加在他身上的，与他个人的道德无关。

巴纳德说“担任管理职位的人有着复杂的道德准则”，之所以复杂，是因为个人的道德准则可能与组织附加给他的道德准则相冲突，尽管很多情况下个人道德准则与组织附加的道德准则并不矛盾。上面销售经理的例子就隐含了这种冲突，一个将“诚实”刻入内心的人却要经常为了推销而夸大其词。诸如此类的例子很多，一位律师代理了一个案件，他可能知道被告人是有罪的，他个人的道德准则痛恨这种犯罪行为，可他的身份是个律师，他是某个组织的一员，组织附加给他的道德准则是想方设法为客户开脱。

这种个人与组织道德准则冲突的局面时有发生，意识到这种冲突，驾驭这种冲突，这是对管理人员的要求。驾驭这种冲突不是件简单的事情，当个人人格与组织人格相冲突的时候，巴纳德谈道，“**不能履行公务的或专业的义务。如果能够合法的辞职或者引退，常常是一个解决办法。其结果是得以保持个人人格的完整性。但有时辞职或者引退本身就是一种极不道德的行为。那就有可能产生悲剧。**”（P215）

另外一个导致道德准则复杂的原因是，一个管理人员将受到不同层次、不同方向、不同组织、不同人群的道德准则约束。担任经理人员职位的人会有这种体验，无数方向的各种大大小小的力量都会产生影响，任何力量之后都有某种道德、理念因素，这些力量之间通常还会相互矛盾，理清头绪、顶住压力并不容易。

例如，一个工厂的生产部门采用新方式作业，生产部门希望以此提高效率，对于研发部门来讲也许这是个麻烦，因为要改动设计图纸；对于质量部门来讲，暂时无法评估新作业方式的产出质量；对于整个公司来讲，长期是好事，可短期可能影响生产速度；对于生产部门自身来讲，有些人可能害怕由于改进作业带来减员；对于改进者来讲，他不知道自己这样做会不会有回报，这些额外的工作能否带来额外奖励；甚至企业的合作厂家也会干预，他们对新的方法还没有足够认知。在这个互动的过程中，生产部门的负责人会感觉到方方面面的制约或支持。再如，经济形势不好，企业效益下滑，要不要裁员的问题。作为企业的一把手会受到各种力量和道德准则的影响，从整个企业角度考虑，裁员可以节约很多支出；董事会成员有人担心裁员会影响士气；大部分员工们反对裁员；某些员工支持裁员；有些部门业绩差，会裁掉一些工作多年的老员工，要不要考虑过去的贡献，还有感情因素；如果裁员造成某些员工的激烈反应，当地政府也会介入，等等。任何一项决策，任何一个行动，都会受到组织内外各种力量的影响，造成道德准则的复杂性。

什么是复杂的道德准则？我们想想沙因的观点，领导就是管理企业文化，很多人无法理解这一点，他们无法分清领导行为与领导者的区别，无法感知行为背后的影响力量。或许在领导问题上，沙因是接近理解巴纳德的人，他起码说出了领导行为的静态对象。

（2）需要有高度承担责任的能力

巴纳德提醒我们注意，对道德水平的评价与对责任能力评价有区别，有些时候我们会混淆这二者的关系。这里的重点是，巴纳德强调经理人员需要有责任心，有高度承担责任的能力，二者相比较而言，责任心对于经理人员更为重要。有着较高道德准则的人，未必一定有较高的承担责任的能力；有着较低道德准则的人，未必一定有着较低的承担责任的能力。道德准则与责任心是两回事，尽管它们相互联系。

巴纳德谈道，“**我们以一种模糊的方式认为，只有严格符合公共准则的才是有责任心的，如果不符合公共准则，就是没有责任心的。或者，从某一特定的观察者看来，许多准则并不具有社会的重要性，只有他自己的私人准则才具有社会的重要性，当别人不符合他的私人准则时，他就认为别人没有责任心。**”（P209）这句话是在说明，评价组织中的一个人责任心的高低，不是根据他是否有较高的、一般意义上的、公共的道德准则，也不是根据任何某个个人的标准。

他继续谈道，“**我所认识的一些人，在整个道德伦理准则方面要比我低，但他们在遇到很大困难时，仍坚守他们的准则……另一方面，我看到一些有着更高道德准则的人，在显然并不困难的情况下，却不能坚守他们的准则。上面讲的第一种人，比有着更高道德准则的人更有责任心。重要之点在于，不管人们内在的道德怎样，责任心是影响到行为的个人品质。**”（P209）巴纳德告诉我们，影响一个人在组织中行为的重要因素是责任心。

为了把事情说得更清楚，巴纳德举了个例子，“**我回忆起一个在孤独的地方上班的电话接线员。她从上班的地方可以远远地看见她的母亲卧病在床的房子。她的一生就是用于照顾她的母亲和维持这个家庭。她为此放弃了其他爱好而选择这个特别的职位。可是，她眼睁睁地看着她家的房子被烧毁而坚守在电话交换台上（她母亲被别人救出来了）。在这种情况，没有什么普遍有效的公共准则或组织准则支配她的行动，而且她肯定违反了这些准则以及她自己的准则中的某些准则。尽管如此，她在遵守她的组织准则——电话接线服务不能中断的道德必要性——方面，显示出异乎寻常的道德勇气。对这项准则来讲，这是高度的责任心。**”（P211）

通过这个例子，我们能够更清楚地理解巴纳德的责任心概念，责任心就是坚守一个人的道德准则，对于讨论组织问题而言，责任心就是坚守组织要求的道德准则，再缩小点就是坚守职位所要求的道德准则。巴纳德将责任能力定义为，“**在愿望或兴趣方面坚定地遵守道德准则，抵御违背准则的一时的冲动、愿望和兴趣的能力……日常用语是可靠性。它的意思是，我们只要知道了一个人的准则，即了解了他的品德，就可以合理预测他在各种情况下会做些什么或不做些什么。**”（P215）

这段论述非常有趣，仿佛听到巴纳德说，你别告诉我你的道德有多复杂高尚，你告诉我你能不能承担组织要求你的道德准则？你能不能承担组织要求的责任？我们可以想想某些例子。有些人有着非常复杂的、高级别的道德准则，爱集体，孝顺父母，爱护家庭，善待朋友，集一切善的因素为一身，可偏偏不能坚守简单的职业操守，不能承担起岗位所要求的责任。道德楷模，翩翩君子，却是个不称职的组织人，为什么呢？很简单，巴纳德告诉我们，经理人员有着复杂的道德准则，道德准则越复杂，坚守起来越困难，而坚守某项道德准则才是责任能力。我们还可以琢磨一下，为什么有些很优秀的人，提拔到某个管理岗位之后，他就崩溃了，平庸了，仿佛变了一个人。巴纳德说得非常清楚，“**责任心弱的人和能力有限的人不能同时承担许多不同类型的负担。如果他们负担过重，他们的能力、责任心或道德就会遭到破坏，或者三者都遭到破坏。相反的，如果没有相应的能力，复杂的道德准则、大量的活动和高度的责任心也就无法维持下去。**”（P213）

此外，沿着巴纳德的论述，提醒我们考虑一件事，要不要利用很多奖惩手段去强化组织成员拥有大量高标准的个人道德准则？巴纳德也说得很明确，“**只有不顾特殊惩罚或特殊奖励的深刻信念，才是高度责任心的本质……我毫不迟疑地断言……引诱或促使有着优良品质和强烈责任感的人去担任大大超过他们技术能力的职位，是一件坏事。**”（P213）巴纳德认为采用奖惩手段去赋予组织成员过多一般的社会道德准则和组织的道德准则，这样不会获得他们的责任心，反而是件坏事。这个善意的、难懂的提醒非常有价值。如果说得直白一点，组织要注意，不要把人都逼疯了，通过奖惩手段去同时提高人们的道德准则和责任心，如果这些人负担过重，其道德准则和责任心就会遭到破坏。当然，这和组织正常地鼓励高道德准则和高责任心的做法并不矛盾。

现实中，我们会看到比比皆是的欠妥做法。对领导者、管理者加诸超高标准的道德准则和责任心要求，同时还要求能力突出，并伴随着高标准严要求的指标内容，这些要求几乎是在重塑人格，想把普通人打造成半个圣人，仿佛人人都能成为道德楷模和能手。有些情况下，对管理人员的道德准则要求泛滥，过度苛求，加之外力施加的强化手段，使得他们要么走在对工作无意义的苦修之路上，要么形式上装样子。要注意巴纳德的提醒，对于某个具体组织而言，不是要创造圣人，不能要求一位管理者拥有太多道德准则。首要任务是让一位管理者拥有符合他组织要求的基本道德准则，更重要的是能够达到，能够坚持，能够信守这些准则，也就是具备责任心。现实中，再看看提拔领导者方面，往往将一个技术、专业过硬，干得好，有工作成就的人，提拔到更高的管理岗位，同时业绩指标加身，奖惩分明地进行刺激，于是一个专业人士，一个技术专家，一个技能高手，很可能从此废了专业，变成一个不称职的管理者。为什么呢？因为巴纳德说了，一旦承担了管理职位，一旦承担了较高的管理职位，道德准则的复杂性会大大增高，假如管理者不能驾驭这个局面，其能力、责任心和道德准则都可能崩溃。

（3）处于活动状态

经理人员处于活动状态，这是一句很有趣的话，是的，尽管经理人员有着复杂的道德准则，尽管经理人员要有承担责任的能力，但他未必一定处于活动状态。这使我们想起一些领导研究，在领导者的素质和能力上寻找要素，对领导者的素质、能力描述，恐怕几十个词都无法穷尽，之后还要对这些词进行的分解，有心理学和数量统计工具支持，这种研究方式显得高深莫测。可是，哪怕我们稍微想一想，具备了这些素质能力又怎样？不能有所活动，不能有契合组织的活动，那些素质能力正如多余的库存、冗余的物料、躺着的现金，发挥不出作用。如果我们加诸个人的要求太多太高，那还要管理做什么？管理不就是让普通人协作起来做出不普通的事业吗？

在巴纳德看来，组成组织的基础单元是活动，不是简单的人。如果一位组织成员，如果一名管理者不能提供必要的活动，那他就不是在为组织做贡献。本质形态的组织是一个活动关系体系，是由协作活动构成的；或者说组织是一个行为关系体系，是由行为关系构成的。

巴纳德认为，与一般体力活动不同，经理人员的专业活动是决策活动。他指出，“**组织中的决策也专门化了。正式组织的本质是，有意识地采用实现目的的手段。它不仅是为了通过协作来超越个人的体力和感觉所必需的，而且从持续性组织的绝大多数重要事例来看，它可能是协作同个人行为相比的主要优越性。同个人行为相比，决策是组织行为的特征。**”（P147）而且，这种决策活动主要是与组织目标相联系的决策活动，而不是与个人目标相联系的决策活动。

巴纳德还提醒我们注意，做决策对经理人员的压力，“**职位越高，显然各个方面要求他做的事就越多，这些都要求他做决策。由于有意识地加以控制，做决策的活动并不同职位的上升成比例地增加。**”（P215）

（4）作为一项道德因素的技术能力

巴纳德指出，“**经理人员阶层的责任能力是相当固定的，随着职位范围的扩大而活动增加的倾向也常常是可以控制的，但道德准则的复杂性的增长却是当事人无法控制的。因此，随着经理人员职位范围的扩大，道德准则冲突的负担增加了。**”（P216）

这部分内容是对上面道德准则复杂性和承担责任能力的延伸解释。

我们已经知道，责任能力是指是否能够遵守道德准则，但是，道德准则是什么，道德准则到底包含哪些内容，不同准则之间是否会相互冲突，这是另外一个问题。巴纳德的看法是，随着经理人员的职位升高，道德准则的复杂性上升。

强调职位高低与道德准则复杂性的问题，与道德冲突的可能性问题，巴纳德可能是想重点提醒我们一件事，处理这些问题，必须有相应的能力，这不是仅有意愿就能做好的事情。至于是否职位越高，道德准则复杂性越高，道德冲突的可能性越大，未必是定论，也不是巴纳德这段要表达的重点。经验告诉我们，有些时候，特别是管理混乱的组织，最基层的员工，尽管他只处理相对简单的任务，却可能面对不同来源的指令，使得局面非常复杂。例如，一位生产现场的基层班组长，有可能要处理很多复杂局面，工段长要求他加速作业赶进度，巡检的质量员要求他提高安装的精度，安全部门人员要求他为了防暑暂时停止工作，同时他还接到车间管理部门下发的要求参加两天班组长培训的通知。在一些管理不规范的企业，基层人员有可能面对上面无序的，甚至是相互冲突的要求。同样是这个例子，在管理较好的情况下，基层操作员只需要关注按规范操作即可，班组长则要考虑生产、安全、质量和人员等不同的要求，更高职位的车间主任一类的领导则要考虑更多的问题，诸如与上下道工序衔接问题，平衡产能的问题，队伍的状态问题，等等。巴纳德似乎倾向于这种理解，并通过这种分析，提醒我们，越高的管理者越需要具备更强的处理此类问题的能力。

如何应对道德准则复杂性增加带来的挑战呢？巴纳德先假定，在经理人员具有高度责任感的前提下，也就是无论道德准则是什么，他们都会坚守的情况下，我们可以通过技术角度来解决。

从管理的技术角度讲，经理人员的一般技术能力包括两种，这是两种处理道德冲突的方法。巴纳德指出，“**或者进一步分析有关环境，更**

精确地确定情境中的战略因素，以便发现能够不违背任何一项准则的正确的行动；或者是采取一种符合于总目的的新的具体目的。这两种方法都是对经理人员技术能力的考验，前者是识别和分析的能力，后者是想象、发明、创新的能力。"（P216）下面我们通过举例来说明这两种技术能力：

第一个技术能力是找到情境中的战略因素，使其不违背任何一项准则。

我们先举例说明这个技术能力。某公司认识到，长期以来主要依靠一个主打产品占领市场，随着竞争者不断加入，现有产品的销售额尽管仍然可以支撑公司运转，但市场份额不断减小，无法支撑企业继续增长。公司决定，研发一款与目前主打产品有关联的新产品，未来要依靠新品和现有产品的相互依托占据有利位置。为此，总经理班子与研发部门负责人、相关技术人员进行了沟通，在认识上达成一致，根据新产品研发的技术路线分析情况，确定研发周期需要五年，且要单独投入资金和人员专门搞研发。研发部门由一位高水平的技术人员带队，成立一个专职的新品研发团队，配置九人，专门搞新产品开发。然而不久之后，公司董事会决议，认为市场形势不好，五年的研发周期过长，现有新品研发预算投资过大，从公司业绩要求的角度讲，希望三年内完成研发，最好是两年后即可初步推出新品。总经理将此意见向研发团队进行传达，研发团队一致反对，认为这严重违背研发规律，不科学，双方产生分歧。这就是一个巴纳德所讲的典型的"道德准则冲突"的问题，怎样找到战略因素，不违背任何一项道德准则，完成任务呢？经过一段艰苦的摸索，公司最终找到了解决办法，从外面请来了一位研发能力极强的技术人员，他提出了一个"倒置"研发的路线，两年内就可以根据市场需求先研发出一个初级产品，这样可以依靠该初级产品提早切入市场，之后两年再逐步完善产品形成整个服务体系，待四年研发完成之时，已经创造了收入、提早占据了市场。该想法得到全部董事会成员的支持。这里，找到新的研发路线就是战略因素，否则技术研究和业绩压力将会面临很多冲突。

第二个技术能力是，采取一种符合于总目的的新的具体目的，这里，总目的、新的、具体目的，是三个关键词。

涉及目的问题，事情就会有些复杂，需要更多的创造性思路、想象的空间。总目的和局部目的是两个相对的概念，是整体与局部，长期与短期的关系。当前的总目的，可能是更大空间、更长时间周期的局部具体目的，当前的具体目的可能是更小范围、更短时间内的总目的。西蒙曾经谈到，某个目的是一个更高级别目的的手段，这是个手段目的链。我们再用例子来说明第二个技术能力。

例如，某工业集团公司总目的是做大做强，在一个五年时期内制定了工业产值翻番的具体目的，要在下一个五年从约 2000 亿元的年总产值提升到 4000 亿元。这个决策的依据是该集团除了主业存在有希望的增长点之外，还涉及几个行业的多种经营，里面有房地产这样可能有较大增长的业务。然而，下一个五年的第二年，经营环境发生了很大变化，主业没有获得预期的增长，多种经营的副业更是形势艰难，需求环境和政策环境都有变化。该集团公司的高层感觉到了形势的严谨性，果断做出调整，决定向下调低总产值的数量，新的具体目的是完成 3000 亿元，总目的还是企业做大做强。实践中做出这样的调整很困难，向下调整具体目标一般不好交代，可能引起震动。高层决策者往往没有这个魄力，不顾条件硬压的做法很多，在业务上无原则地四面出击，用考核大棒下压任务，或者采用大肆并购等手段拼凑总产值，或者即使达不成，也会采取做账等方法尽力拼凑业绩数字。这个例子中，高层领导敢于提出一个新的具体目的，这种决策不是毫无理由的硬上，不以牺牲长远利益为代价，审时度势，顺势而为。这个调整就是“采取一种符合于总目的的新的具体目的”，表现出了领导力，或者说具备领导意义上的技术能力。

（5）为别人制定道德准则的能力

巴纳德谈道，“**经理人员责任的突出标志是，不仅要求它符合于复杂的道德准则，而且要求它为别人制定道德准则。这项职能的最常见到的方面是，在组织中确保、创造、鼓舞士气。这是灌输观点、基本态度的过程，培养对组织或协作体系、客观权威体系的忠诚心的过程。它会导致个人利益和个人准则服从于协作整体的利益。它还包括树立技艺标准的道德。**”（P218）

这段阐述是在说，经理人员面临复杂、相互冲突的道德准则，要管理这个局面，而一旦确定了某些道德准则，还要把这种道德准则传递给他人，让他们能够认识、认同这些准则。为别人制定道德准则包含了制定和传递两种行为。其中“灌输观点”这个词汇，如果放在巴纳德的理念语境下，翻译为“传递观点”比较合适。灌输一词很容易给人以“洗脑”的感觉，尽管通过灌输给人洗脑，有时是一种比较快速有效的，在理念上、在价值前提下影响他人的办法，历史上很多组织这样做，现在仍然如此。

显然，上面所讲的，经理人员制定的道德准则，并非个人化的，并非他自己的，而是组织的道德准则，符合组织需求的道德准则。这里面有个隐含的问题，假如一个组织具备了清晰的道德准则，还需要经理人员做些什么吗？答案是需要，先不说条件变化会引起道德准则变化，只要考虑到，无论是制定道德准则的过程，还是制定后寻求成员理解接受的过程，这都需要经理人员发挥领导作用，去提炼、传递、帮助理解、强化这些道德准则，这就是领导行为的作用。更为难于做到的是，环境是变化的，单独事件的情境，一个具体行为的具体情境，尤其难于把握，这就更需要针对此情此景的领导行为。

缜密的巴纳德在这一部分还提到了一个问题，当道德准则的冲突不可避免怎么办？领导者的能力不足以解决道德准则冲突怎么办？巴纳德告诉我们一种方法，“**这就是创立一种解决道德准则冲突的道德基础——被叫作例外事项的处理、上诉职能等名称。这一职能应用于从一种观点看来是正确的，而从另一种观点来看是错误的情况……在执行经理人员的职能时，上诉过程是必然会有的。组织中准则的冲突是不可避免的。**”（P219）

我们通过一个例子来理解。某建筑设计公司，长期以来强调一种理念，顾客永远是对的，顾客是我们的衣食父母，顾客是上帝，这一理念已经深入人心，公司的服务质量很高。一次，在施工现场，客户与设计公司的技术负责人发生了冲突。客户非常生气，上告到该公司的经理，并威胁不再付余款。技术负责人也非常生气，他认为客户之前已经百般刁难，反复修改技术方案，提出很多不合理的要求，到了施工过程，又要重新增加很多临时要求，不可能满足。技术负责人坚持，不会向客户道歉，不接受客户的投诉，不会按照客户要求再增加技术调整。这种情况下，领导人怎么办？企业中类似的情况很多，有些把客户放在第一位的企业，会遇到如何处理无理要求的问题，如何处理员工“受气”是个问题；那些把员工作为最宝贵资产的企业，会遇到员工不全心全意为客户服务的情况，如何处理顾客“受气”的问题。

面对不可避免的道德准则冲突，领导者可以采用如下办法：可以对公司的道德准则做出更精确的修订，通过这个冲突事件认识到，顾客永远是对的，但不是顾客的什么要求都要答应，面对无理的要求，可以据理力争；还可以先判定技术负责人不应该与顾客冲突，公司维护客户的理念不变，但是这次冲突作为一个特例，因为顾客提出了很多额外要求，也就不对技术负责人做出负面评价。这两种方法，本质上都是把某个冲突事件作为一个例外场景来处理，要么根据这个例外情况修改以前的准则，使之更加精细，要么特事特办，巧妙地回避对技术负责人的责怪和惩罚，让事情圆过去。

现实中处理这类问题，还需要大量的策略、技巧。例如，可以两边各自安抚，面对顾客就说技术负责人不对，希望顾客不要一般见识；面对技术负责人就说顾客太过分，理解技术人员维护公司利益的考虑，等等。可见，领导者的这一能力很难获得，不仅需要对企业本质问题的认识，还需要经验、策略，以处理好短期长期、局部整体间的关系。这类问题的处理，哪怕对本质问题的认识有一点不清晰，或者处理策略稍有不得当，就会造成理念冲突的大问题。也就是，要么让人对组织到底坚持什么价值理念产生怀疑，要么挫伤相关者一方的士气，人们还可能认为领导者在“和稀泥”，质疑其领导能力。

巴纳德指出，“**为了保证士气而想出各种解释和假说，对经理人员的责任和能力都是严峻的考验。因为，要使这些解释和假说是健全的，它们就必须从经理人员的观点来看是公正的，即真正符合于整体的道德准则；而又要使它们是可以接受的，即真正符合于部分和个人的道德准则。**”（P220）

5. “领导”的本质

在经过那么多基础性的讨论后，巴纳德指出，“**经理人员职责的创造方面是这种职责的最高范例。经理人员所做的大部分组织决策的道德准则冲突，都是属于组织准则方面的，并不直接涉及个人的准则。有关的只是组织人格……但讲到道德准则的创造，则个人责任感，即诚实和公正就特别突出了……事实上，如果不是在个人信念的基础上（不是作为经理人员有做某事的义务的信念，而是他们个人认为为了组织利益而做的事情是正当的这种信念），很少有人能够长期坚持下去。**”（P220）

这段论述着重强调了领导者个人准则与组织准则可能冲突的问题，以及在此冲突的条件下领导者个人责任感，即诚实公正的问题。他告诉我们，领导者感觉有义务做某事，与领导者认为某事正当，这是相互关联的两回事。举例来讲，某位经理人员经常处理辞退员工的事务，他的工作职位就是干这个的，他有义务做辞退工作，但他未必认为每次的辞退都正当，当他觉得大量的辞退没有合理理由，没有足够的补偿，将一些人推到了失业大军队伍，使他们生活困难。如果这位经理人员认为，他为组织利益做的这些事有很多不正当的地方，他将长期面临矛盾冲突的心理之中，他会受不了，行动迟疑，或者无法坚持这个工作。

巴纳德终于明确指出，“**作为一个整体的创造职能是领导的本质。它是经理人员职责的最高考验。因为要成功地执行创造职能，就必须从领导者的观点具有个人准则和组织准则一致的信念。**”（P220）

领导的本质是什么呢？就是作为整体的创造职能，从组织角度上的创造，从一个整体角度上的创造，这显然需要协调局部间相互冲突的道德准则，需要调和那些理念，这是真正的创造。如果单纯从静态的角度讲，我们联想到企业文化的问题，那里面需要包含一组符合不同力量要求的价值观。国家对组织提出了什么要求？社会对组织提出了什么要求？客户对组织提出了什么要求？竞争者对组织提出了什么要求？合作者对组织提出了什么要求？员工对组织提出了什么要求？管理层对组织提出了什么要求？股东对组织提出了什么要求？……要协调这些空间上大小不一、相互联系的要求并不容易。显然，理念、价值观调和得越好，冲突的可能性就越小。这需要创造，即巴纳德所讲的作为整体的创造职能。要想完成这样的创造，还必须调和好个人准则与组织准则，使得个人理念与组织理念，个人价值观与组织价值观具有某种一致性。在此基础上，巴纳德判断——领导能力是一种稀有的能力。

可以看出，巴纳德关注的领导问题有着浓厚的组织视野，是组织的领导力，作为一个组织必须有领导力，这是一种存在，是一种组织的功能，通过活动表达出来。这就是为什么巴纳德不大关注具体领导行为的原因。民主的领导方式，还是集权的领导方式有效？以人为中心，还是以工作为中心？在什么情境下采用怎样的领导行为？变革领导力是什么？领导者需要怎样的沟通技巧？领导者应该如何激励他人？领导者的具体素质能力有何要求？接近于具体如何做的内容，连同那些规范的模型，所有这些统统不是巴纳德组织视角下的领导问题。巴纳德的关注重点不在具体的人上，不在领导者、被领导者，乃至具体情境上，他的重点在组织上，在人的组织上，在人的组织的道德属性上。

巴纳德也曾经谈过领导行为包括确定目标、运用方法、协作行为、激励协作四种，谈到过领导者的个人素质能力，包括活力和忍耐力、决断力、说服力、责任、智慧，还关注了领导者的培养和选拔问题。我们要注意，这些讨论内容，需要放在他对领导问题的本质看法之下，基于组织视角的领导力才是巴纳德理论的关键。在某个场合他明确表态，“**关于领导力这个话题已经有很多的说教了，不过多半都是无用之谈……为了不再重蹈以上的覆辙，在此我不会解释什么是领导力，或者如何判断领导力的存在，因为其实我自己也不知道答案。而且，我还斗胆说一句，可能没人能够回答这样的问题……毕竟，我想讨论的话题是对于领导力的本质的理解问题。**”①

至此，巴纳德论领导研读完毕，可以说，这一部分是巴纳德为组织找到了灵魂，以及管理灵魂的活动——领导。承载这些活动的人，我们称为领导者。下一章我们简单谈一下自由意志这个概念。

---

① 切斯特·巴纳德著，曾琳、赵菁译，《组织与管理》［M］，北京，中国人民大学出版社，2009。巴纳德有关领导力的认识，见该书第四章领导力。

第 14 章　自由意志[①]

① 郭威，巴纳德组织理论解读：自由意志［J］，中国人力资源开发管理创新版，2013。该文 2013 年发表于该杂志，本书在原文的基础上做出修改。

自由意志是个哲学概念，是哲学领域长期以来大量探讨充满争论的问题，此概念出现在一本讨论组织的著作中，有什么特殊的意义呢?

在《经理人员的职能》整部论著中，巴纳德在两个地方明确提出自由意志的概念，一处是开篇后不久，在讨论个人的定义时涉及自由意志，“人有多大的选择能力或者自由意志?”另一处是在著作结尾的时候表明自己的信念，“具有自由意志的人的协作的力量，能够使人自由地协作。”在他的整个理论体系中，直接明确触及自由意志含义的语句不多，大概就有三五段内容，关键的几句话。下面进行逐个具体分析。

“所有的事物都是为着一个目的而具有某种秩序的。但其安排正如一个家族内的安排那样，自由人很少有随便行动的自由，全部行动或绝大部分行动都是事先给他安排好的；而奴隶和动物则很少有共同的责任，绝大部分是随便行动。”（P2－3）

这不是巴纳德的话，他引用自亚里士多德的《形而上学》。反复读这几句话，多少带给我们一点感觉。一个人工作在庞大组织的基层，感到处处受制，各种规章制度、上级领导约束着他的行为，他非常希望得到升迁，希望拥有更大的权力和更广阔的接触面，可一旦沿着组织的层级不断上升，想要的自由非但没有得到，随着承担的责任越来越重，压力越来越大，需要兼顾上下左右各个方面的事情，有一种真实得越来越不自由的感觉。普通员工在节日或许可以放假休息，可以随便发发牢骚，工作之余可以什么都不再管了，而一名大组织的一把手、高层人员，哪怕是个小团队的负责人，也许很难放松紧绷的神经，无法根据自己的想法言行，他必须主动去补齐责任空白地带的事情。是基层人员更为自由，还是高层自由度更大呢？

巴纳德将这段话放在了自己著作的开篇，可能是一种提醒，通常我们认为的自由人，身在高位的一些人，如首领、将军、长官等，他们并不是像想象的那样自由，他们身上有肩负的责任，有组织对他们的要求和种种规则约束，他们往往很难按照自己的自由意志做事。而我们通常认为的最不自由的一些人，处于权力路线底层的人，也并非如想象的那样不自由，在很多情况下他们往往自由行事。这种引导促使我们思考，是什么力量限制了人的自由呢？人的自由又有多大的空间呢？什么样的角色可以拥有自由呢？越是仔细思考这些，越容易使我们对人和组织产生点感觉。

“在实际事务中几乎普遍认为人们具有选择的能力，决定的能力，自由意志。……几乎所有的人都相信，对于正常的、健全的行动，选择的能力是必需的。因而在个人责任的学说中、道德责任的学说中、法律责任的学说中都反复灌输自由意志的思想。这对于保证个人完整性的感觉似乎是必要的。这是由以下经验推导出来的：个人完整性感觉的破坏，就是适应能力、特别是生活的社会方面的适应能力的破坏。我们观察到，那些没有自我意识、缺乏自尊心、认为自己的所做所想无足轻重、没有什么主动性的人，往往成为问题，是病态的、精神失常的、不现实的、不适于协作的人。”（P11）

上面一段话，加上巴纳德的一句提问——“人有多大的选择能力或者自由意志”，点出了一个重要问题，决策能力与自由意志。当讨论决策的时候实际上我们涉及自由意志，这里值得驻足一会儿反复思考一下。在考虑管理问题的时候，我们很少想到自由意志的问题。决策一词似乎更为“科学”，围绕着它能够建立一些公理体系。自由意志一词则更为接近“哲学”，并非客观的公理，更接近于一种理念支持下的选择。这段话还基本阐明了巴纳德对个人的看法，他在组织理论体系中对个人的基本假设为，个人就是具有选择能力的个体，具有自由意志的个体。至于人到底有没有自由意志，巴纳德并不想陷入争论，他只是根据经验做出反向推导，如果一个人没有自由意志，这类人往往是不适于协作的人。

“**但是，这种选择能力是有限的。如果我们在前面讲的，个人是各种物的、生物的、社会的要素相结合的活动领域这一点是正确的话，这点也必然是正确的。自由意志的有限性还由于当人遇到大量机会和很多选择时，选择能力就处于麻痹状态。这是从经验推导出来的。例如，一个在小船中睡着的人，醒来时发现飘在雾中的海洋上，可以随便驶向哪个方向去，就会一下子无法选择方向。可能性的有限性是选择的必要条件。找出不能做某事的理由，通常是决定应该做什么的一种方法。**”（P12）

在人具有选择能力这个基本假设刚刚提出之后，巴纳德话锋一转，人的选择能力是有限的，这是由于他受到各种条件的限制。个人会受到物的限制，个人是一个物理存在，他在 A 区域干活，同时就不能在 B 区域干活；个人会受到生物的限制，他有生理特征，一个人难以持续不断地每天大负荷工作 16 个小时，还能保证质量效率；个人还会受到本身社会因素的限制，他很难同语言不通的人交流技术问题，他很难主动同不喜欢的人一起工作。由于这些自身条件的限制，他必然只具备有限的选择能力，也正是这个原因，个人才选择与他人进行协作，以扩大选择能力，完成单个人不可能完成的任务。当考虑到外界环境的限制时，这种限制当然也可以表达为机会，外界环境既为我们提供了机会，同时也为我们设置了限制。

巴纳德从经验推导出来，可以选择的机会太多，人的选择能力同样受到限制。难得巴纳德在上面举了个例子，在雾中海洋小船中醒来的人，看不到任何参照物，就会无所适从，无法选择，不知该往哪个方向去。对于某个企业，如果他的业务稳定，在有限的一两个领域发展，可能人们知道自己该干什么，力量往哪里使，当可选择的机会太多，在十多个的行业都可以发展，都有一定的诱惑，那么很可能人们不知道该做什么，重点在哪里。可以做的事情太多，人们反而乱了方寸、犹犹豫豫。对于职业人也有类似情况，一位身怀绝技的人才，有多家企业追逐他，比之有个地方要就不错了的一般雇员，他会有选择困境，这里也好，那里也好，究竟选择哪家呢。所以巴纳德讲，可能性的有限性是选择的必要条件，我们的企业组织作为分工协作系统，每个层级、每个部门、每个岗位的工作内容都予以适当限定，这才能保证人们在工作中做出合理的选择。

对于面临决策的人，巴纳德给出了方法，找出不做某事的理由可以帮助我们清楚做什么，面对海量的事务，有经验的管理者首先会排除一些事情，不去做一些事情，这样他才能集中精力做好另外一些事情。德鲁克也有相似的忠告，在不知道要做什么的时候，我们先要知道我们不做什么。什么都做一点点，面对外部世界的各种诱惑，无所坚守，不能排除掉很多可能性，那就只能任由外界摆布，很难将事情做好，很难达到专业精深的程度。这一切表明，人虽然存在自由意志，但人的自由意志是受到限制的。

巴纳德还论述道，“**个人主义哲学，即选择和自由意志哲学的最普遍的含义是目的。其相反的哲学，即决定论、行动主义、社会主义的最一般的表现是限制。个人目的的存在，或相信其存在，以及个人受到限**

制的经验导致了达到目的和克服限制的协作。”（P19）在巴纳德全书的最后部分，还有一小段类似的论述，“**无限制地宣扬极端自由，理想的个人主义，自我决定。这种无限制的独断论会妨碍所有的正式协作，除了最明显的直接机会和必需的以外。……无批判地主张集体化、绝对服从、彻底协调。这种无限制的独断论会窒息个人的所有发展，除了不可避免的以外。**”（P230）

巴纳德的论述到这里，有关自由意志的整体认识基本清楚。个人就是具有有限自由意志的个体。他承认自由意志，同时承认自由意志受到限制，这显然是在决定论和自由论之间做出了一种调和。纯粹极端的自由意志会妨碍正式协作，纯粹极端的决定论会扼杀个人发展，管理需要避免任何一种极端情况，为人与组织找到均衡点。

人为了协作必须要建立组织，但建立组织不能扼杀个人的发展。这么简单的一句话放到现实中并不那么简单。是人重要？还是组织重要？我们看到过很多给予人过分自由使得组织一盘散沙的例子，我们也见到过强调绝对服从、一切为了整体的行为带给人怎样的压力。人类社会似乎一直在寻找这个微妙的平衡。

巴纳德提出过，根据经验，没有自由意志的人往往是不适于协作的人。他还提出过，无限制地宣扬极端自由会妨碍正式协作，那么到底是哪种情况不适合协作？这个看似前后略有不一致的论述，需要参照一句话才能理解到位，“具有自由意志的人的协作的力量，能够使人自由地协作。”是的，过度自由意志会妨碍协作，可是没有自由意志也许能够协作，只能是类似机器人那样地协作，却不能自由地协作，不能良好地协作，不能在发挥个人创造力的更高层级协作。

为什么说巴纳德建立的组织理论是有关“人的组织”的理论，这就是原因。这是巴纳德选择的理念，他显然明白无误地表达了自己的理念，他相信自由意志，他的天平倾向于自由意志，这不是一个事实命题，是个价值命题。一般来讲，巴纳德谈论任何事情的时候，都努力采用描述性的方式，力图再现社会、组织、个人的本质图景，他完全把自己的偏好放到一边。在他所有理论论述完毕之后，他才表明自己的信念，他告诉了我们，任何理论都得有些元假设，社会科学理论有价值选择的问题。他的组织理论大厦建立在“有限的自由意志”之上，在自由意志与决定论之间的大片安全地带。这等于告诉我们，如果基本假设是人没有自由意志，人的自由意志是微不足道的，那么，他所建立的组织理论或许不能成立。

必须承认巴纳德的巧妙，他提出了自由意志这个哲学概念，可并没有陷入哲学争论思考之中，不进入政治学的争论，没有触碰自由意志的根本命题，没有去定义自由意志是什么。他明白自己的任务——在自由意志的基础上讨论组织问题，只不过有关个人的基本看法决定了他能否建立一个完整的、系统的组织理论，因此他才借用了自由意志哲学概念，并过渡到决策问题上来。在事情的另外一头，有关建立组织的科学问题，他在正式论述决策的时候，有关决策的环境和随机应变主义的理论，有关决策的战略因素理论，有关有限决策技术的问题，他并没有再次强调自由意志，这时不再需要什么哲学思考，元假设已经做出选择，剩下的只是逻辑和科学体系的问题。

巴纳德的组织理论一头连接着哲学思考，一头联系着科学体系。在所有管理学的论著中，如果说有一本书可以被称为“管理哲学”，那么恐怕没有比巴纳德的著作更适合的了。管理学长期以来被公认为是一种应用学科，泰勒开辟了管理学的一块科学技术阵地，梅奥开辟了一块社会道德阵地，那么，管理学有没有顶尖的哲学思考呢？管理学的学科基础够不够坚实呢？够不够有力量呢？巴纳德用著作回答了这个问题，“有”。这本管理学领域充满哲学思考和逻辑力量的著作，是管理学这个偏于应用学科的基础理论，有了可靠的元假设，显得我们管理学科不那么“冰冷”，不那么“世俗”。

也正因为如此，巴纳德著作和理论令人不大容易读懂，费脑筋，不知所云，这都太正常了。如果我们读康德的《纯粹理性批判》，那会更难以理解，我们读任何一本哲学书，没人会诟病其所采用的语言和表达方式问题，很少有人会说这些深奥的东西没用。人们会默认，这些东西就是难以理解，同时非常有趣，读不懂是自己的问题，达不到那个思维深度。从某种意义上讲，巴纳德的理论甚至更难读懂，它不单需要一定的哲学思考，还需要科学的认知，那是两种思维方式的结合点上的内容，更不用说，理解这些理论还需要经验，体验过组织后产生的那种语言难以表达的感觉。综合来讲，巴纳德的理论不是写给所有人的。因此，想要理解巴纳德带给我们的完整思想和基础理论，想要体验巴纳德带给我们的微妙美感，就不要试图使其通俗化，不要试图使其简单化，进去了就懂，进不去就不懂，这里面没有捷径可走，必须耐心仔细研磨那一个个概念、一句句话，勇敢面对那一个个的思维挑战。

最后，为了补充对本章的理解，我们引用哲学领域的一点思考：

“我们可以做我们想做的，但不能想我们所想的。”——叔本华

“一个人可以按自己的意志行事，但在你生命里的任何特定时间只能明确地意志一件事，而且除了这件以外完全没有其他。”——叔本华

“大家都相信自己先天是完全自由的，甚至包括个人行动，而且认为在任何时间都可以开始另一种生活方式。但是后天，从经验上，他会惊讶地发现自己并不自由，而是受制于必需品，而且不顾他的所有决心，他无法改变自己的行为，而这就形成从一个人生命开始到结束的生涯，他必须扮演自己谴责者的角色。”——叔本华

“叔本华说，一个人可以做他想要做的，但不能意志他想要意志的。这句话伴随我度过生命所有的际遇，且使我容易顺从他人的行为，

即使那些行为让我很烦恼。”——艾尔伯特·爱因斯坦

前面 13 章至此，巴纳德已近建立了一个完整的组织理论体系，这就是现代组织理论的基础。下面进入本书最后一章，我们再谈几句如何去理解巴纳德的理论，如何感知其思想。

第 15 章　如何理解巴纳德？[①]

① 郭威，巴纳德组织理论解读：如何理解巴纳德［J］，中国人力资源开发管理创新版，2013。该文 2013 年发表于该杂志，本书在原文的基础上做出修改。

如何能够理解巴纳德的理论呢？巴纳德意识到自己所创立的理论是多么难以理解，他承认，“这个学说是难懂的，费脑筋的，抽象的，深奥的。”同时他认为不是语言的问题，表达方式没必要改变，必须要有一些概念，才能表达某些独特的事物，这都是需要艰苦研究的命题。幸好巴纳德给予我们些启示，必须克服某些思维的障碍。清除阻挡认识组织本质特征的固有思路，很多甚至是我们通常看待事物的方式，也恰恰正是这种习惯的视角，挡住了我们深入理解事物本身，往往在现象层面我们就得出了结论，很难继续深入本质，更难再次回归现象。

巴纳德似乎提醒我们，请您给我一点耐心，体会一下我的思考，之后再进行您的独立思考。我们看看他的两个重要提醒。

思维障碍之一：传统的经济学视角。

这里需要说明，千万不要认为巴纳德对斯密等人建立发展的经济理论持否定态度，也不要认为我们写本书是在否定经济学这门学问。经济学是一门很好的学问，正如任何一门很好的学问，任何一个有价值的专业，都有其适用的空间。任何一个专业学问再好，也不可能解释世界上的一切。巴纳德的解释告诉我们，在组织理论领域，涉及组织的本质问题，有关人在组织中的行为特征，经济学并不能很好地解释各种现象。理解到这一点，也是区分管理学与经济学的关键之处。

巴纳德认真地指出经济理论过于轻易地夸张了人的行为中经济的一面。他首先承认从社会活动中抽象出“经济”方面的有用性，肯定经济学的贡献，但同时指出，“**亚当·斯密及其后继者有效地建立起来的相当发达的理论对特定的社会过程（在这一过程中，经济只是某一个侧面）不大关心，而对其经济方面过于关心。除此之外，根植于功利主义哲学的纯经济理论排除了对动机的适当考察（它不同于情感和心理过程），这种极为错误的观点广为流传。所有这些导致许多人的思想中，直到现在还认为，人只是附带有一些非经济属性的经济人。**”（**作者序言 P3－4**）梅奥在巴纳德之前已经提到这个问题，巴纳德不是第一人，也是最早的人之一，明确宣布了“经济人”假设的终结，“社会人”时代的到来。

不要忘记，巴纳德提出这一观点是在 1938 年之前。80 多年之后的今天，我们企业、各种机构的管理者处于什么状态呢？高物质刺激，低管理介入，把人片面地理解为出卖劳动力交换利益的工具，恐怕是很多企业的写照。不少居高临下的管理者放言，“愿意干就干，不愿意干就走人，你还想不想挣钱了？”类似的话说起来理直气壮，背后所隐含的假设是把员工视为实现经济目标的人手、工具。员工对企业家们的认识同样存在误解，错误地以为他们就是一心想挣钱，是贪得无厌的敛财者，却忽视了他们想做一番事业的决心和驾驭企业所面临的各种困难。所有这些想法都把人的动机过度简化了，它抽象掉了除了经济动机之外的其他很多宝贵内涵。太多的管理者利用简单的经济刺激手段代替管理本身，这在短期或某些方面很起作用，但从本质上讲，是在避开管理的复杂性及应有的艰苦努力，希图找到灵丹妙药一招奏效而忽视过程、缺少耐心，这使得组织几乎纯粹靠金钱维持整体性和动力，陷入一种恶性循环。

人的行为受到心理假设的影响，而人的心理是一个互动反馈机制，相互之间感觉越好就越容易产生正反馈，相互之间心理误解越多就越容易进入恶性循环。现实中，由于协作的态度、分配机制不当使得组织弱化的例子太多了，这种错误的根源之一就是把人简单地视为“经济人”。一位创业者起初分利于员工，然而有些员工无休止的要求提高工资奖金，以及某些令人心痛的行为，伤了这位创业者的心，他失去了耐心，对人的假设开始动摇，来个一百八十度大转弯，在管理举措上转而采取严苛考核的方式，重视金钱对人的控制力，经济人假设占据了主导力量。这种将人分为非 A 即 B 的两种类型，往往是控制住了一部分，同时失去宝贵的另一部分，忽视了人们行为的多样性。即使某个人的行为表现为强烈的经济驱动性，他还是存在着其他诉求。后来当数名骨干要员由于无法理解文化氛围的突然变化和束缚手脚的严格考核时，先后辞职了，企业损失很大。醒悟之后再扭转并不是轻而易举的事，心理的伤害很难恢复，心理的伤害一旦形成，极难改变，改变也需要数倍的努力。这种由于过度关注一些特殊现象、过度夸大局部而采用的反射性管理举措，经常发生在企业中，不是简单粗暴，就是放任自流，特点是一刀切，看待事物等量齐观，对细微而重要的差异视而不见。对待一线发生的各种鲜活现实视而不见。

我们如何管理知识劳动者呢？当组织中的知识创造工作变得越来越重要的时候，我们如何管理知识劳动，如何管理知识劳动者？过去我们所掌握的管理体力劳动者的方法部分失效了。这一重要命题引发人们思考，知识创造的动力是什么？是外界的各种刺激，还是创造者的兴趣？经济驱动，还是热爱驱动？我们的社会大谈创新，之前早就在谈人本管理，现实中我们到底是如何做的呢？在很多企业，看到的是拼命追逐经济绩效的短期行为，研究工作被视为满足经济利益的工具，而不是为客户创造价值的必要功能，研发人员被视为拿高薪的人手，而不是活生生的宝贵人才。这本质上是经济人假设的结果，然而高智力劳动、高创意性工作是无法简单考核的，考核这个驱动鞭子很难起作用。单纯经济人假设不仅体现在考核与利益分配机制上，还体现在个人、企业、非营利机构的贡献方向上，过分重视经济价值，却忘了做事业，忘了承担应有的责任，忘了自身在社会中的存在价值，产生一个个高效率走在错误方向的组织。最关键的是，一个研究者，一个知识劳动者，如果所做的全部事情，没有爱好和兴趣的驱动，没有内心的这股根本力量，又会有多少持续创造的热情？我们可以有各种借口理由，但适度考虑经济人假设的合理性很有必要，毕竟时代在变迁，人们的生活环境大不相同了，人们认同的价值观变化明显。在制造一大堆时髦词汇之前，我们有必要想想巴纳德的告诫，现实总是层层递进的，不可能堆积词汇就能够跨越现实。

鲜活的现实印证了巴纳德的担心并非多余，克服这一思维障碍还需要分享巴纳德本人的经验，**“虽然我早就知道如何在组织中有效地行动，但是直到我过了相当长时间把经济理论和经济利益放在次要的地位（虽然是不可缺少的）以后，我才开始了解组织或组织中人的行为。”**（**作者序言 P4**）巴纳德所担心的或许不是组织理论是否可以独立于经济理论而存在，而是对组织的错误认识将不利于洞悉组织的本质特征，不利于社会实践，不利于管理这门独立的知识为社会福祉做出应有的贡献。

思维障碍之二：传统上对权威起源和性质的认识。

这里需要说明，巴纳德在这里的论述并不是要否定社会学、政治学和宗教学中有关权威的理论，我们写本书也不是为了否定历史上的任何有关权威起源的理论。这里只是说明，如果想要理解巴纳德的组织理论，理解他对权威等问题的看法，就需要仔细体会他讨论问题的角度。事务真正的规律，一旦被发现并不符合通常的理解，正是产生新知识的契机。

巴纳德还认真地指出，“**有关国家和教会性质的长期思想史妨碍了对组织一般特性的探讨。那种思想的核心是关于权威的起源和性质。其后果是出现了防止接受社会组织基本事实的法律万能主义。任何组织理论，如果不是解释法律学说而是同它相冲突的话，就不会被接受。**”（**作者序言P3**）

这个问题有点复杂，在巴纳德的著作中没有发现他提到马克斯·韦伯这位行政组织理论的开创者。韦伯明确提出了组织权威的三种来源，包括个人权威、传统权威和法理权威，奠定了组织权力的“合法性”基础，也就是说三种权威都可以作为组织的权力基础，只不过法理权威（又译为：合理权威）是官僚组织的主要权力基础。这里我们只能猜测，一种可能是巴纳德没有关注韦伯的理论，另一种可能是语言的原因，导致巴纳德误解了韦伯的理论，他以为韦伯所讲的“法理权威”中的“法”是法律的意思，但韦伯不是这个意思，不是指国家社会环境中的法律，而是指组织中的成员认同，或者说是组织成员在契约意义上承认具有效力。

韦伯早已说清楚组织中的权威问题，但巴纳德的提醒仍然有益，他害怕人们对组织中的权威来源认识不清，对权力的性质认识不清。很多人认为一个组织的权力来源是法律赋予的，法律的力量直接就是组织中的权威力量，组织中的领导者直接按照法律行使权威进行指挥即可，这都是不够完整的认识。这种认识无法解释所有权和经营权的区别，对一个组织的管理权不由组织外部环境的法律来决定。简单讲，国家社会的法律只是组织的一个环境因素，组织中的权威由组织本身来决定。组织当然应该遵守国家法律，不能违背国家法律，但组织中的权威不直接来源于国家法律。下面还是用具体的事例来说明这个难于表达的问题。

现实中对权力的错误认识在企业组织中比比皆是。什么是民营企业权力的来源？这似乎是一个再简单不过的问题，企业的所有者几乎都会认为，权力来自所有者，来自董事长，谁占有绝大多数股份谁具有最后的“生杀大权”，老板自然而然是权力的来源。员工也是这么认为，在现象上看，任何一个带有职务的员工，都是上级的任命，最终归于老板的任命。正是这种习以为常的认识，混淆了法律意义上的权力与组织层面的权力概念，法律对权力的规定只是保障投资人的经济利益，这是所有权；而组织层面的权力要包括管理权（经营权），企业面临变化的环境，需要无数的决策和行动，这当然需要权力，然而行使这种权力的基础却是责任，谁承担责任谁就拥有权力。企业所有者拥有企业资产，其所有权受到法律的保障，但法律赋予的权力本身并不能决定企业的具体决策、具体活动，这种所有权仅仅是对资产权益的保障，而管理是企业的一种功能、一种活动，管理者从事一种专业化的活动——管理，管理权力的来源是工作本身，承担什么样的工作任务，这是责任，在此基础上才能谈权力。古典管理原则早就有了权责匹配的概念，不是先有什么权力，才有什么责任；而是先承担什么责任，再匹配以相应的权力。从某种意义上讲，责任先于权力。对这一问题认识不清，助长了民营企业家长制作风的蔓延，延缓了民营企业从个性权威走向组织权威的历程，结果是协作行为受到破坏，组织理性丧失，组织的力量发育不起来。民营企业很大一部分是家族企业，或者来源于家族企业，基于血缘、情感为纽带的“家文化”情节严重，并不把企业看作社会资产，而是自己家里的事物，是家的延伸。企业老板也就顺理成章地把自己看作家长，企业里有了家长也就有了权力的天生来源，因为在中国的文化传统中，家里的事由家长最终拍板，权力在家长手中。老板认为企业是自己家的，员工认为企业不是自己家的，法律对股权、所有权的规定被利用为所有者想按照自己的意志决定一切事情的法宝。这会有什么后果呢？那就是“责任落空，问题上移”，每当有重要决策的时候，下属部门经理都会先请示，坚持让老板提个意见，每当不同部门之间有矛盾分歧时，也都是推到老板面前来解决。企业里还有种现象，会哭的孩子有奶吃，但凡到了分配资源和分配利益的时候，各个部门、各级领导、各级员工归根到底就提出两句话，我们的工作缺少支持，希望上面多赋予权力，多拨款，顺便提出收入太低，希望提高收入，这些都是围绕权力在做文章，围绕被误读滥用的权力在做文章。

对权力的来源认识不全面，国有企业也有类似的例子。在一家大型公司中，我们曾经问过地区公司的经理人员，地区公司的权力来自哪里？地区公司总经理的权力来自哪里？回答是地区公司的权力来自上级单位，也就是总公司；总经理的权力来自上级任命，来自总公司的人事任命。国有企业权力的来源为上级主管机关任命，在表面层次，没有比这更正确的回答了，现象上确实如此。由于完全可以理解的原因，实践中的各级管理者对权力的认识，基本停留在法律层面，不大理解“组织意义上”权力的内涵。在该公司的商务部，我们试图寻找他们依靠管理创造价值的宝贵经验，但在交流中，该部门经理反复强调，他们所做的工作全部是按照国家的相关合同规定办事，然后就是做一个集团总部的执行者，按照要求做事就行了，这就是工作，这就是管理。这种认识等于把各级管理者视为执行任务的机器，人的创造力被淹没，承担责任的行为也就淹没了。任何下一个层级的组织和个人，当然要按照上级的要求做事，要承认上级的权力，但同时也要认识到，自身权力的来源是自己承担的责任，是工作任务，是履行必要的职能，个人、部门、组织整体都是因为承担了责任，才拥有相应的权力。有了这一认识基础，各级管理者、各个层级的组织才有可能把关注的焦点放在工作上面，放在承担责任上面，主动做事、主动创造才能获得生存的土壤。承担责任由无数具体细微的事情构成，要求人们不断认识什么是应该做的事情，如何用更有效率的方式去工作，如何采用新的方法等等，这些都不是，也不可能是法律能够详细规定的。国企典型例子很多，当两个相同行政级别的单位合作完成某项整体工作时，一旦产生冲突，管理者的第一反应是自己单位的权威性不足，然后就去上级单位寻求支持，希望扩大权力范围，提高权力等级，而较少关注如何能够在工作层面实现更好的协作、如何通过沟通达成理解与共识。太多的企业陷入了权力博弈、内部政治过程，一些高层领导者往往被置于“火山口”，所有人、所有部门最关心的就是扩大自己的权威。这就是典型的权力中心型组织，权力是关注和追逐的焦点，协作过程中权力的作用巨大，官大一级很有作用，大领导者一来什么事情都好解决，这种长期习惯使其陷入严重的权力依赖症。

不管什么性质的企业，为什么经常提起的一句话就是“权责利”不对等？组织的上下级之间，以及不同组织之间，可以看到很多滥用权力的现象，超过责任范围行事权力，还有权威不足现象，肩负很大的责任却没有权力。现实中，太多的个人把自己凌驾于组织之上，他们认为自己的权力来自上级的组织，来自法律规定的权力，来自这些外在因素；太多的组织把自己的权力凌驾于社会之上，很多企业在大谈社会责任的同时，却首先拼命维护自己的权威和利益。我们有太多的管理者忙于追逐权力，却忘了首先要承担责任，主动承担责任并发挥创造力，这样做才是各级经理人员存在的价值所在，否则就没必要聘用如此多的经理人员。巴纳德的提醒可能是对“推诿责任，追逐权力”现象的最好解读，这种解读可以帮助我们认清组织中的现实。

千万不要认为巴纳德提出的组织理论是要与国家法律相冲突，那就彻底误解了巴纳德的本意。巴纳德关于法律的理解有两个突出之处，一是法律的影响与组织中的权力来源是两回事，在组织层面的事务，需要从组织的角度来探讨，一般意义上的法律、规定只是影响组织的环境因素，必须在组织层面，在管理领域对权力有独立的思考。二是社会权力的起源，“不是统治者、立法者或法庭，而是以各种形式的家庭和团体组织起来的人民。”巴纳德这一认识来自埃尔利希的《法社会学基本原理》，并由此提出了权威接受理论，组织从权力型向责任型转变。还应当指出，巴纳德这里谈到的不是集权与分权的问题，不是什么情况下适合集权，什么情况下适合分权的问题，而是权力的来源问题，权力的性质问题，认清来源才好谈论权力分配的问题。

上面，我们谈到了巴纳德的两个忠告，他认为要想理解组织，理解组织的本质特征，就需要我们克服一些固有的思维障碍，清除一点固有的思维定式。其一就是经济人假设，将人视为主要以经济利益为驱动的行为个体；其二就是权威问题，将组织的权威问题视为法律万能主义的延伸。

如何理解巴纳德组织理论？这个问题很难回答，每个人有每个人的经验。语言太苍白无力，只能表达复杂大脑所要表达的一小部分，更何况对组织管理的理解不仅存在于大脑之中，还存在于一个人的整个身体之中，整个经验之中。巴纳德多么希望表达出组织的整体感，他谈道，**“我感到遗憾的是，我没有能够向读者表达出那种组织的感觉，那种不能表述出来的强烈的、审美的感情。这种感情主要产生于个人习惯性的、感兴趣的经验。很显然，许多人对组织科学不感兴趣是由于他们没有感觉到组织的艺术，没有看到重要的要素。他们没有乐感而不能理解交响乐的构造、作曲的艺术和演奏的技巧。”（作者序言 P6）**

巴纳德的理论世界自成体系，类似天体物理学中迷人的宇宙，这个迷人世界有很多闪光的繁星，繁星之间相互关联组成了宇宙，每一颗闪亮的星星是一个概念，概念之间的关系就是假设。了解这个体系必须从理解概念和假设开始，核心的概念是基石，核心的假设是支柱，它们一起构建了整个组织理论大厦。反反复复的研磨每一个核心假设与概念是理解理论体系的关键。系统论告诉我们一个系统难于直接植入另一个系统，巴纳德的整个体系同样难于直接植入我们的大脑。在他理论基础上继续分类、概括、总结意义不大，那种提炼段落大意中心思想的方式可能反而会妨碍我们理解巴纳德。巴纳德理论已经是组织本质特征的描述，已经极度抽象，已经极为凝练，什么人有能力在此基础上还要提炼呢？他原著本身自有系统性，浑然一体，二手的归纳总结反而会隔断我们的思路，影响思考的连续性，诱使我们只关注经过漫长细密推导之后的结果，那样还不如直接看原著。或者看看巴纳德自己在专著出版后10年再次出版的论文集《组织与管理》[①]，这本书做了些解释性的、补充性的论述。

理解巴纳德理论，似乎没有速成的办法，兴趣和下足功夫必不可少，带着一颗纯净的心最好，无所图故无有杂念，自会容易理解。读懂经典理论的唯一办法可能就是反复读。

从小的地方入手或许是个捷径，哪怕一个概念，一句话，一点一滴去研磨体会。本书算作一个开始吧。

---

① 切斯特·巴纳德著，曾琳、赵菁译，《组织与管理》［M］，北京，中国人民大学出版社，2009。该书是巴纳德1938年出版《经理人员的职能》之后出版的一本论文集，补充解释了组织理论的若干问题。

后　记

研读完巴纳德的著作《经理人员的职能》，我感到了一种满足，所有的梦想都已实现。由于能力的限制，我只能做这么多，肯定有很多没能体会巴纳德原意的地方，读者最好还是多读他的原著。我无法表达对此书的喜爱之情，那种感受很美妙。

我了解到自己并不孤独，有人依然喜爱巴纳德理论，中国和欧美日的学者、企业家、实践者一直有人研究巴纳德理论，直到现在仍在继续。正是这些爱好者，跨越身份的标签走到一起，创造着思想的愉悦。思想的传承，理论的延续，新鲜的探索，需要一代代人持续不断的努力。

巴纳德同时代的学者、人际关系学派的创始人、霍桑实验的参与者和解释者埃尔顿·梅奥，在其第二本著作《工业文明的社会问题》中多次引用巴纳德的论述。他这样评价巴纳德，“近年来有两位作者曾着重指出，工业，或者从这方面来说，较大的社会，是一个合作的体系。其中一本是讨论组织的很专门的著作，巴纳德《行政的功能》；另一本在某种意义上是有关西方电气公司霍桑实验的通俗报告。”[①] 我们可以感觉到巴纳德的著作在梅奥眼中的地位，在他看来，这是一本讨论组织的专业著作。那时组织问题还没有多少人系统地研究过。

---

① 梅欧著，费孝通译，《工业文明的社会问题》［M］，北京，商务印书馆，1964。

无法统计后来多少人受益于巴纳德，战略学派的安德鲁斯在他为巴纳德著作《经理人员的职能》30 周年版导言中，列出了一长串的名单，其中比较有代表性的可能是赫伯特·西蒙和彼得·德鲁克，前者发展了组织理论、决策理论，后者更重视贴近实践，这两人共同的特点是都具备那种驾驭组织整体性、组织内在结构化因素的思考能力。仔细阅读巴纳德原著第 13 章“决策的环境”和第 14 章“随机应变主义的理论”，我们发现他早就提出人具有有限的选择能力，决策活动是协作活动的一种重要类型，决策是组织行为的重要特征，决策存在着道德因素，决策所需要的分析是对战略因素的探寻。这些基础认知与《管理行为》一书有何关联呢？西蒙凭借该书获得了 1978 年诺贝尔经济学奖，他缩小了巴纳德组织理论的范围，核心命题就是有限理性假说和决策问题，也许正是这个原因，西蒙曾受到一些诟病和质疑，他后来转而偏向计算机科学领域发展。西蒙是勇敢的，在其自传《我生活的种种模式》[①] 中他诚实地提到这段往事，他《管理行为》内容曾经寄给巴纳德请求指点，西蒙有着自己的独立贡献。再看看管理实践学派德鲁克的集大成之著《管理：任务、责任和实践》，这本书从什么是作为一种组织类型的企业谈起，进而论述管理的三项任务，并以领导职能作为结束。巴纳德的书基本也是这个框架，只不过早了数十年，更为抽象，更为本质。巴纳德本人也吸收了很多前人的思想，帕累托、康芒斯、埃尔利希和梅奥都对他产生了积极的影响。那个时代的美国还不大了解马克斯·韦伯的组织理论，他更早地讨论了组织理性、官僚制组织、组织的权威等问题，这些是认识和分析组织的基础框架。巴纳德是现代组织理论的奠基人，马克斯·韦伯则是古典组织理论的开创者。

安德鲁斯在巴纳德著作三十周年版导言中说得清楚，“我们这些人

---

① 赫尔伯特·A·西蒙著，曹南燕、秦裕林译，《我生活的种种模式》［M］，上海，东方出版中心，2002。该书对于了解西蒙的研究思路很有帮助。

将继续在巴纳德的指引下顺着原来的方向前进。……在读过了后来这些书以后再来读巴纳德的书，就会感到它的完整性、经济性和安全性。……这本书之所以能够存续下去，不仅是由于它出版以后对组织理论文献的影响，而且更重要的是由于它继续提供重要的但不容易得到的洞察力。这本书将继续是重要的，因为巴纳德的未竟事业还没有完成，或者说，他的那一套概念还没有变得陈旧。"① 很明显，安德鲁斯认识到的也被一些学者认识到，被全世界的某些管理爱好者认识到。这个星球上总有人在研究巴纳德组织理论，他受到的关注每隔些年就会增长一些。

日本人饭野春树《巴纳德组织理论研究》② 一书，对巴纳德理论做出了一些归纳和分析；台湾人张明辉所著《巴纳德组织理论与教育行政》③，将巴纳德理论与教育行政问题结合讨论；威廉姆森等人的论文集《组织理论：巴纳德、现在与未来》④ 集合了一大批组织研究专家，他们的文章专业精深，对巴纳德理论的若干内容与组织研究的后续问题做出了一些关联性的分析。长期以来，在我看到的涉及巴纳德内容的组织研究中，唯一美中不足的地方，就是这些理论工作者等不及与巴纳德的思想多交流一会儿，就忙于和自己的研究领域赶紧挂起钩来。当然，必须感谢这些研究者，他们提供了大量的素材，这些研究水平很高，有总结，有实证，有理论发展脉络解释，唯独没有展示出一种体验，一种与巴纳德思想交流的快乐体验。

要向翻译巴纳德著作的人致敬，孙耀君前辈和一批人最早翻译出中

---

① C. I. 巴纳德著，孙耀君等译，《经理人员的职能》［M］，北京，中国社会科学出版社，1997。安德鲁斯这段话写于他为巴纳德著作30周年版导言中。

② 饭野春树著，王利平等译，《巴纳德组织理论研究》［M］，北京，生活读书新知三联书店，2004。该书体现了日本学者对巴纳德的研究。

③ 张明辉，《巴纳德组织理论与教育行政》［M］，台北，五南图书出版公司，1991。该书为台湾学者对巴纳德的研究，其附录六巴纳德接受 Willian B. Wolf 访谈的内容摘要具有独特价值。

④ Oliver E. Williamson（2002），Organization Theory：From Chester Barnard to the Present and Beyond［M］，New York ：OXFORD UNIVERSITY PRESS. 该书是一本论文集，汇聚了一大批组织理论知名学者。

文译本，这是开创性的工作。近些年，王永贵先生又翻译一个新的版本。巴纳德理论难以理解，翻译它肯定会付出很多辛苦。他的著作被翻译成汉语之后，国内的读者才得以接触到这么宝贵的思想。所有的译本有个地方值得商榷，这本书的名字到底如何翻译？原著书名为《The Functions of The Executive》，孙耀君和王永贵翻译版都取名为《经理人员的职能》。这个翻译有待讨论，或许这本书应该翻译成《管理的职能》《管理的功能》，或者《行政的职能》《行政的功能》。

巴纳德那个时代，现代“管理”（management）一词还没诞生。韦伯讲的行政组织理论用词为 administration，后来演化为管理的概念。巴纳德的用词 the executive，也有管理的含义，尽管通常情况下，我们将 the executive 翻译成经理人员。这就需要结合英文用词和巴纳德理论的含义进行权衡。巴纳德的核心关注点是组织，是活动和功能，并非某一类型的人。其理论精髓之处是排除人的因素后，以个人作为基础和背景下，谈组织的活动、功能、职能，谈管理的职能、功能。区分人与人的活动，区分人与人的活动形成的关系——组织，这是巴纳德不朽的贡献。巴纳德眼里的组织是一个看不见、可感知的系统，类似于“磁场”般的存在。因此，其理论体系中组织、决策、管理均为活动体系，经理人员这样一种角色意义上的存在则是次要的。一个经理人员会承担管理职能，一个非经理人员也同样会承担一些，反之，即使角色是经理人员，也不仅仅从事管理活动、管理职能，他可能还同时从事技术活动等其他专业活动。经理人员和管理活动之间的关系，是巴纳德所关注的一个次要的点。带着这种疑问，我找到了其他的翻译名称。艾尔顿·梅奥的著作《工业文明的社会问题》，该书大量引用巴纳德理论，梅奥的书由费孝通前辈翻译，在脚注中费老将巴纳德的著作翻译为《行政的功能》。相比较而言，这个对著作名称的翻译似乎更准确，更接近其思想内涵。

我将此书献给女儿小橙子。